人体运动彩色解剖图谱系列

器械健身

超值口袋版

彩色图谱

国家队体能教练 | 崔雪原 编著

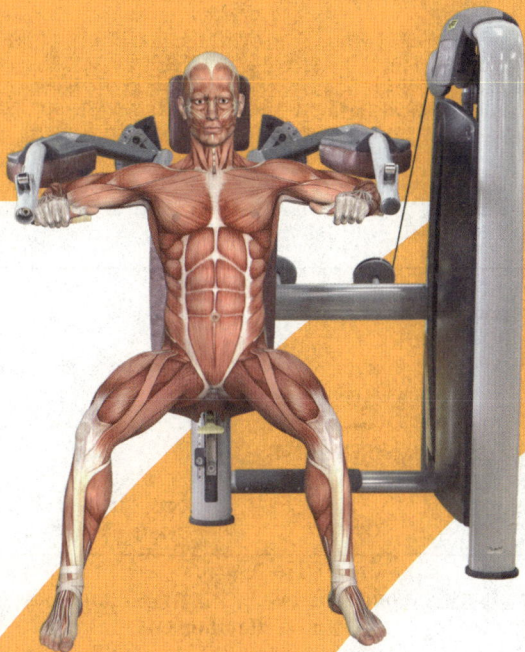

人民邮电出版社

北京

图书在版编目（CIP）数据

器械健身彩色图谱：超值口袋版 / 崔雪原编著.
北京：人民邮电出版社，2025. -- （人体运动彩色解剖
图谱系列）. -- ISBN 978-7-115-66861-5

Ⅰ. G883-64

中国国家版本馆 CIP 数据核字第 20255WK793 号

免责声明

本书内容旨在为大众提供有用的信息。所有材料（包括文本、图形和图像）仅供参考，不能用于对特定疾病或症状的医疗诊断、建议或治疗。所有读者在针对任何一般性或特定的健康问题开始某项锻炼之前，均应向专业的医疗保健机构或医生进行咨询。作者和出版商都已尽可能确保本书技术上的准确性以及合理性，且并不特别推崇任何治疗方法、方案、建议或本书中的其他信息，并特别声明，不会承担由于使用本出版物中的材料而遭受的任何损伤所直接或间接产生的与个人或团体相关的一切责任、损失或风险。

内 容 提 要

了解训练动作的解剖学知识能帮助我们更好地理解训练动作的原理与要点，从而正确发力，精准健身。对于想要学习器械健身的读者来说，本书是一本不可多得的超详细训练动作指南。本书介绍了器械健身的基础知识，讲解了使用较为常用的器械进行的110个训练动作，提供了拿来即用的分级训练计划。对于每一个训练动作，本书都提供了由专业教练示范的动作图、彩色高清肌肉解剖图、正确和错误做法、呼吸指导等，帮助读者清晰了解训练动作的目标肌群，以及如何正确地做动作。本书能帮助读者掌握高效的器械健身方法，安全、高效地达成健身目标。本书适合健身新手、健身爱好者阅读，对于健身教练、体能教练也具有一定的参考价值。

◆ 编　　著　崔雪原
　　责任编辑　王若璇
　　责任印制　彭志环

◆ 人民邮电出版社出版发行　　　北京市丰台区成寿寺路 11 号
　　邮编　100164　　电子邮件　315@ptpress.com.cn
　　网址　https://www.ptpress.com.cn

　　北京九天鸿程印刷有限责任公司印刷

◆ 开本：787×1092　1/32
　　印张：4.875　　　　　　　　　2025 年 10 月第 1 版
　　字数：157 千字　　　　　　　2025 年 10 月北京第 1 次印刷

定价：29.80 元

读者服务热线：(010)81055296　印装质量热线：(010)81055316
反盗版热线：(010)81055315

目录

第 1 章　哑铃训练　　　1

第 2 章　杠铃训练　　　20

第 3 章　壶铃训练

第 4 章　弹力带训练

第 5 章　瑞士球训练　　　　　　　　　70

第 6 章　固定器械训练　　　　　　　　82

第 7 章　泡沫轴训练 　　　　　　　　　　117

第 8 章　训练计划 　　　　　　　　　　　125

本书使用说明

解剖图解

呼吸指导

动作名称

器械健身彩色图谱（超值口袋版）

呼吸
外旋时呼气，恢复时吸气。

真人演示

绳索站姿肩外旋单臂

起始
站立，一侧手臂屈肘约 90 度，手握把手，横于上腹前位置，对侧手扶腰。

文字解析

动作级别
- ●●● 初级
- ●●● 中级
- ●●● 高级

过程
保持身体姿势不变，训练侧上臂靠近躯干，前臂向外旋转且始终平行于地面。拉伸绳索至极限位置，稍作停顿，缓慢恢复起始姿势。完成规定次数，对侧亦然。

⊙ 若出现肩关节疼痛，则不建议进行此项训练。

冈上肌 *
冈下肌 *
三角肌后束
小圆肌 *
大圆肌 *
菱形肌 *

安全提示

✔
- 训练侧上臂及肘关节靠近躯干。
- 训练侧前臂与地面平行。

✘
- 背部拱起。
- 训练侧上臂向上抬起。

88

正确做法　　错误做法

锻炼肌肉
红色字体为主要锻炼肌肉
灰色字体为次要锻炼肌肉

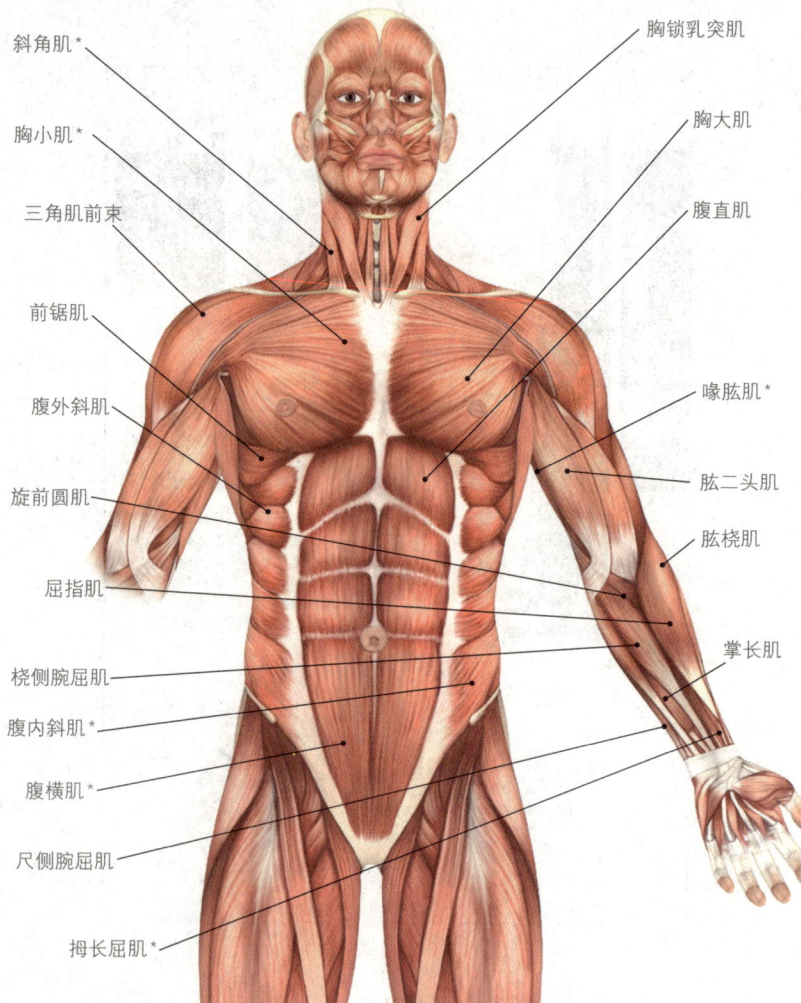

斜角肌 *

胸小肌 *

三角肌前束

前锯肌

腹外斜肌

旋前圆肌

屈指肌

桡侧腕屈肌

腹内斜肌 *

腹横肌 *

尺侧腕屈肌

拇长屈肌 *

胸锁乳突肌

胸大肌

腹直肌

喙肱肌 *

肱二头肌

肱桡肌

掌长肌

注：*为深层肌肉，余同。

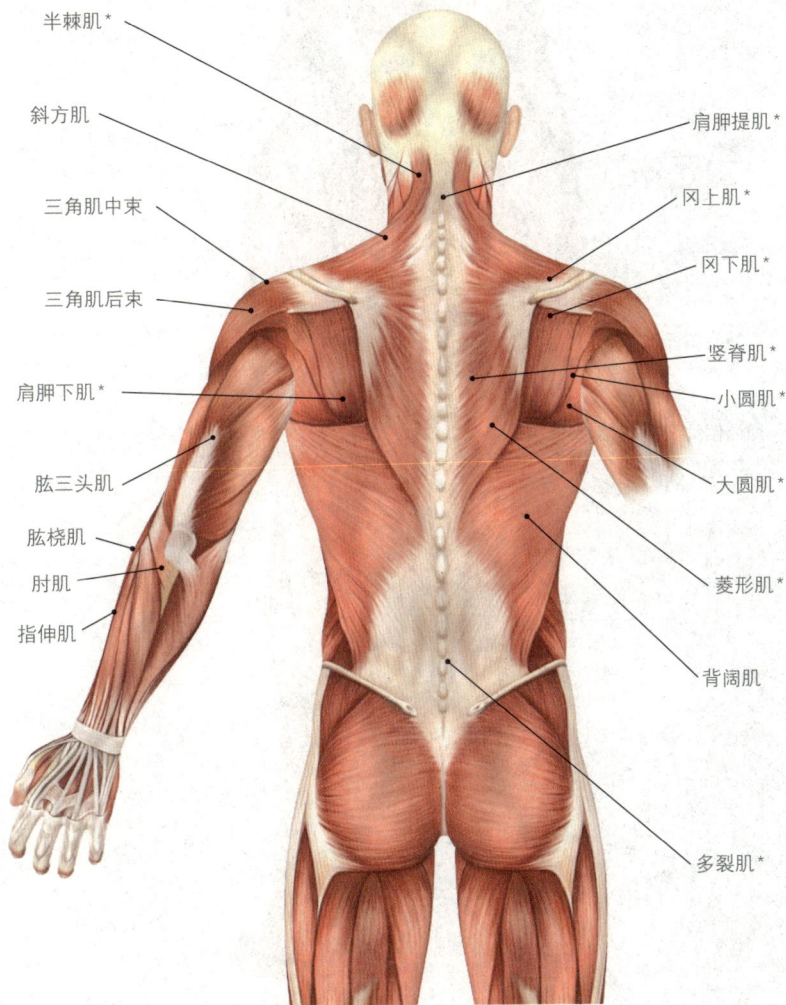

半棘肌*

斜方肌

三角肌中束

三角肌后束

肩胛下肌*

肱三头肌

肱桡肌

肘肌

指伸肌

肩胛提肌*

冈上肌*

冈下肌*

竖脊肌*

小圆肌*

大圆肌*

菱形肌*

背阔肌

多裂肌*

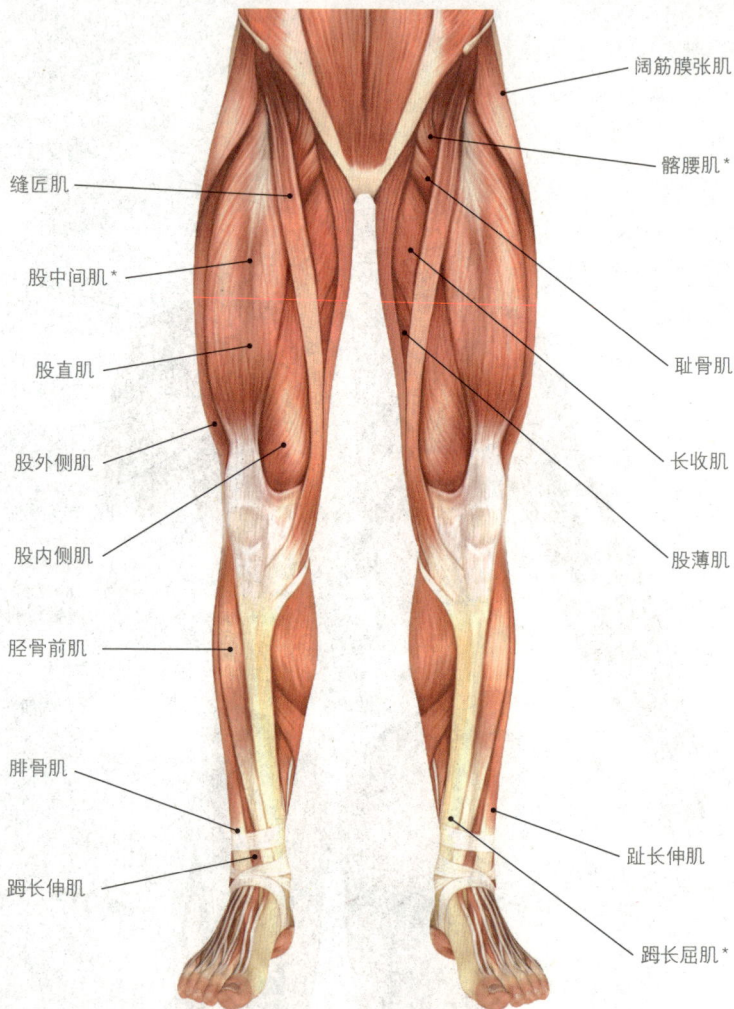

阔筋膜张肌

髂腰肌 *

缝匠肌

股中间肌 *

股直肌

耻骨肌

股外侧肌

长收肌

股内侧肌

股薄肌

胫骨前肌

腓骨肌

趾长伸肌

蹈长伸肌

蹈长屈肌 *

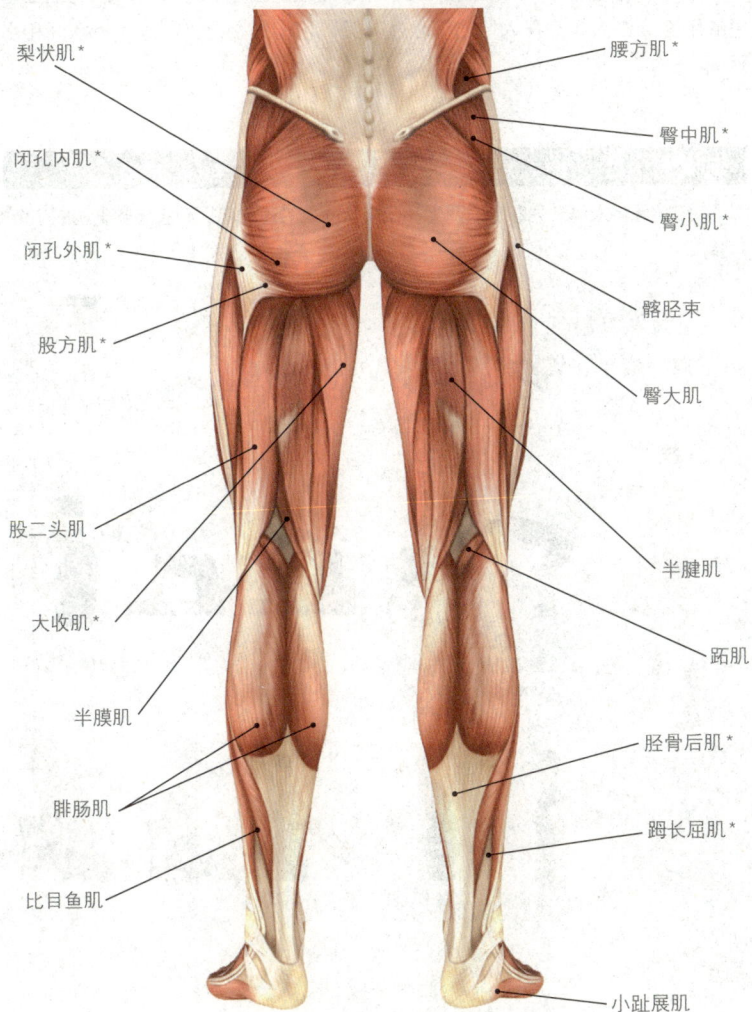

梨状肌*

闭孔内肌*

闭孔外肌*

股方肌*

股二头肌

大收肌*

半膜肌

腓肠肌

比目鱼肌

腰方肌*

臀中肌*

臀小肌*

髂胫束

臀大肌

半腱肌

跖肌

胫骨后肌*

跗长屈肌*

小趾展肌

运动平面

通常人体运动可以被描述为在3个平面上的运动，这3个想象的相互垂直的平面穿过人体，在人体的重心处交叉，它们分别是矢状面、冠状面和水平面。

矢状面

矢状面将人体分为左、右两半。在矢状面上的运动包括四肢与躯干屈曲和伸展等。

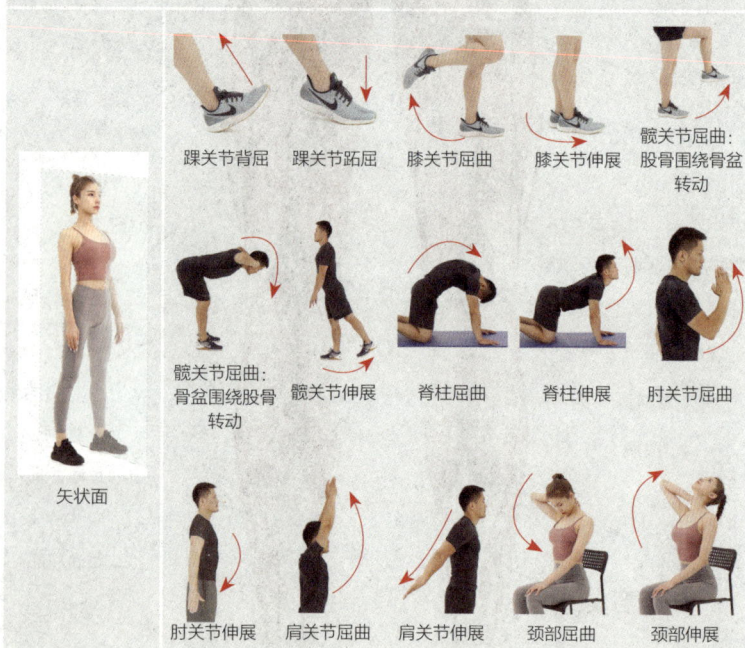

矢状面

踝关节背屈　　踝关节跖屈　　膝关节屈曲　　膝关节伸展　　髋关节屈曲：
股骨围绕骨盆转动

髋关节屈曲：骨盆围绕股骨转动　　髋关节伸展　　脊柱屈曲　　脊柱伸展　　肘关节屈曲

肘关节伸展　　肩关节屈曲　　肩关节伸展　　颈部屈曲　　颈部伸展

冠状面

冠状面将人体分成前、后两半。在冠状面上的运动包括四肢内收和外展（相对于躯干）、脊柱侧屈及足踝内翻和外翻等。

冠状面

足踝外翻　　足踝内翻　　髋关节外展　　髋关节内收

躯干侧屈　　肩关节外展　　肩关节内收　　颈部侧屈

水平面

水平面将人体分成上、下两半。水平面运动包括四肢内旋和外旋，头颈左、右旋转，四肢水平外展和水平内收以及前臂旋前、旋后等。

水平面

髋关节外旋　　髋关节内旋　　前臂旋后　　前臂旋前　　肩关节外旋　肩关节内旋

肩关节水平外展　　　肩关节水平内收　　　脊柱旋转　颈部旋转

动作模式

人体在使用器械进行训练时会展现出不同的动作模式，如推、拉、屈髋、旋转、蹲等。

推	推类动作主要指通过上肢和躯干发力，将物体推离身体（如卧推等）或将身体推离物体（如俯卧撑等）的动作。做推类动作时，虽然重点发力部位是上肢和躯干，但动作是整体性的，往往同时需要核心与下肢协同发力，才能高质量完成动作，达到最好的训练效果。
拉	拉类动作与推类动作恰恰相反，主要指依靠上肢和背部肌肉的力量，使物体与身体靠近，如硬拉、划船，以及引体向上等。与推类动作一样的是，做拉类动作时，虽然重点发力部位是上肢和背部，但动作也是整体性的，也需要核心与下肢协同发力，才能高质量完成该类动作，达到最好的训练效果。

* 在训练中，可以将推与拉的动作组合，使得一部分肌肉做功时，另一部分肌肉休息，以此提升训练效率，也让肌肉得到全方位的锻炼。

屈髋	屈髋类动作指躯干以髋关节为轴进行屈伸的动作模式，在完成动作的过程中，膝关节保持微微弯曲，脊柱保持中立位，避免过度前屈或后伸，可以减轻脊柱的负担，保护脊柱免受损伤。在许多运动项目中，如举重、田径等，屈髋类动作是基础的动作模式之一，对于提高运动表现具有重要意义。
旋转	旋转类动作主要指依靠核心力量，使身体发生旋转的动作。在旋转过程中，上肢或下肢的位置会发生变化，借助旋转的速度与势能，发出的力会更大。此类动作在专项运动中很常见，如各种投掷动作，以及球类运动中的闪躲、转身动作等。训练中常见的旋转类动作有上提、下砍、俄罗斯转体等。旋转类动作能帮助提升核心的力量与稳定性，而核心的力量与稳定性是各种运动的基石。
蹲	蹲类动作指在保持核心稳定的前提下，臀部和腿部肌肉发力，使身体重心向上、下、左、右等方向移动的动作，如深蹲、弓步蹲等。蹲类动作主要锻炼下肢肌肉的力量与爆发力，也是减脂瘦身的常用动作。

此外，还有弓步、支撑、跳跃等动作模式。无论是哪种动作模式，在训练中都要合理利用，科学搭配，使肌肉得到全面的锻炼。

训练要素

一个动作做几组、每组做多少次、每组之间的时间间隔等都是训练要素，需要我们好好把握。在进行力量训练之前，我们有必要了解一下这些训练要素。

动作的重复次数与组数

一个动作要做几组、每组要做多少次，需要依据动作的总次数（即训练量）来进行设定。除了大负重的训练，对于常规训练来说，将动作的总次数控制在25~50次最好。如果动作较简单、负重小，可以分3组来做，例如，总次数为30次，分3组，每组10次。如果动作较难，可以分成多组进行，每组的次数少一些。一般来说，单组次数的常用范围有3种：8~10次、10~12次和12~15次，训练者可根据自己的水平和目标来选择合适的范围。持续规律训练一段时间后，可以适当提高训练量，给肌肉更大的刺激，获得更理想的效果。

组与组之间的时间间隔

完成一组训练后，需要进行短暂休息，再开始下一组训练。休息的时间不能太长，否则会失去刺激肌肉的最好时机；休息的时间也不能太短，否则肌肉恢复不够，影响下一组动作的完成质量。

肌纤维分为快缩型和慢缩型。大负重训练主要调动快缩型肌纤维，让人体在短时间内产生很大的力，但快缩型肌纤维很容易疲劳，且恢复时间长；小负重训练主要调动慢缩型肌纤维，慢缩型肌纤维产生的力没那么大，但耐疲劳且恢复快。因此，大负重训练需要较长的组间休息时间，而小负重训练只需要短暂的组间休息时间。

总体来说，应将组与组之间的时间间隔控制在1~3分钟，少数大负重训练组间时间间隔定为3~5分钟。训练者可以根据训练强度来调整组间的时间间隔。

训练周期

我们既需要进行针对全身的训练，也需要进行针对特定部位的训练。设定合理的训练周期，有计划地训练的效果，比散漫、无目标地训练的效果好得多。根据重复次数分阶段训练，或按重点锻炼部位分周期训练，都是可行的计划。例如，刚开始健身，可以先进行小负重、高重复次数的训练，一个月后可进行稍大负重、中等重复次数的训练，两个月后再进行大负重、低重复次数的训练，等等。总之，负荷渐进式的周期性训练会让你获得实质性的进步。

训练频率

训练频率即每周训练的次数，总的设置原则是每周至少训练2次，最好能隔天进行1次训练。初级和中级水平的训练者每周训练3次，高级训练者每周训练4次，这是比较合理的安排。在非力量训练日，可适当进行一些有氧训练，促进肌肉恢复。

实用器械

训练器械有很多，如哑铃、杠铃、壶铃、弹力带、瑞士球、固定器械、泡沫轴等。它们各具特色，有自己独特的优势或局限性。因此，应结合自身的训练目的、身体状况以及训练环境等因素，合理选用适合自己的器械。

哑铃	哑铃是常用的自由重量器械，广泛应用于健身、康复和体能训练等领域。自由重量器械指那些允许训练者自由控制运动轨迹的训练器械，其主要特点是支持训练者根据自身的身体结构、力量水平和训练目标等，自主调整动作的幅度、角度和速度，从而更高效、安全地激活和锻炼肌肉。哑铃既具备上述特点，还有自身独特优势。首先，哑铃具有多种重量规格（从1千克到40千克，甚至更重），可满足不同训练需求。其次，哑铃占地面积较小，价格实惠，是在空间和预算有限的情况下进行训练的优选器械之一，尤其是可调节重量的哑铃。再次，使用哑铃既可以同时锻炼双侧肌肉，也可以单独锻炼一侧肌肉，能有效纠正左右肌力不平衡的问题，实现整体力量的均衡发展。最后，使用哑铃可以在较小负重下模拟日常生活和运动中的动作，逐渐提升身体的功能性力量和表现。
杠铃	杠铃是非常经典的自由重量器械，在健身、体能训练领域占据不可或缺的地位。杠铃杆是具有一定重量的长杆，两端可搭配不同重量的杠铃片，二者组合起来，为训练者提供不同重量的负荷，从十几千克到数百千克不等。通常，男子杠铃杆重20千克，女子杠铃杆重15千克。除了自由重量器械的特点，杠铃还具有独特优势：让训练者能够在大负荷下进行训练，让肌肉得到有效刺激，实现围度和力量的快速增长。此外，训练者双手握杠铃杆进行训练，身体两侧共同发力，更易达到力量上限。需要注意的是，应将双手均衡地放在杠铃杆上，否则容易受伤。
壶铃	壶铃是一种极具特色的自由训练器械，具备独有的设计和训练方式，也常应用于健身、康复和体能训练等领域。壶铃外形酷似带有手柄的球，重量分布与杠铃或哑铃不同，它的重心偏离把手，靠近底部，增加了训练的难度，同时能更好地刺激核心肌群参与训练。这种设计使得壶铃能帮助训练者提升爆发力、肌肉耐力、协调性和平衡能力，成为提升整体运动表现的理想工具。壶铃具有多种重量选择，常见重量从4千克到48千克不等，一般以4千克为递增单位。初学者可以选择较轻的壶铃进行技术学习和基础训练，而进阶训练者则可以使用更重的壶铃挑战高强度训练。

弹力带	弹力带是一种便携、灵活且高效的训练器械，广泛应用于健身、康复等领域，是居家、旅途健身的不错选择。它能为训练者提供渐进式阻力，这种阻力会随着弹力带被拉长而逐渐增加，让训练者能在整个动作范围内持续受到阻力，让肌肉在动作的每个阶段都保持紧张状态，从而得到更全面的刺激。此外，弹力带训练可以激活深层小肌群，有助于提升整体稳定性和运动表现；对关节压力较小，适用于康复训练。弹力带具有不同的阻力等级，并常以颜色作为等级标识。它还具有不同长度的设计，较长的可用于全身训练；较短、环状的更多用于下肢训练，也被称为迷你带。
瑞士球	瑞士球是一种多功能的训练器械，可用来进行力量训练、核心训练、平衡训练和康复训练等。瑞士球能为训练者创造不稳定的训练环境，迫使身体持续调整，以保持平衡，从而激活更多的肌群，尤其是核心肌群。瑞士球训练还能用来纠正姿势问题。此外，瑞士球训练是一种低冲击的训练方式，尤其适合关节敏感或正在康复期的训练者。瑞士球具有不同的尺寸，常见的直径为55厘米、65厘米和75厘米，训练者可以根据身高选择适合自己的。一般而言，训练者坐在瑞士球上时，大腿应与地面平行或略低于膝盖高度。
固定器械	固定器械是广泛应用于健身房和康复中心的训练设备，可以更好地孤立目标肌群，让训练效果更为显著。它的独特益处在于运动轨迹固定，提供了安全且稳定的训练环境：训练者无须额外关注动作的平衡性或稳定性，从而更加专注于目标肌群的训练，这有助于在初学阶段建立正确的动作模式；降低了关节和肌肉受伤的风险，非常适合力量不足或对自由重量器械动作不熟悉的训练者。此外，固定器械可调节座椅的高度和手柄位置，确保训练者能找到最舒适且符合解剖学的训练姿势；其还配备可调节的配重片，训练者可以快速改变负重，方便高效。
泡沫轴	泡沫轴是一种运动康复和健身辅助工具，通常是一个圆柱形的泡沫制品，具有一定的硬度和弹性。当身体在泡沫轴上滚动时，泡沫轴会对肌肉和筋膜产生一定的压力和刺激，这种压力可以帮助松解肌肉中的粘连和结节，改善局部血液循环，促进代谢废物的排出，从而达到放松肌肉、缓解疲劳的效果。

训练注意事项

有目的地训练

训练的目的多样，包括练出一身好看的肌肉或增加肌肉力量等。无论目的是什么，都要遵循科学的原则，有计划、有针对性地进行训练。例如，想增加肌肉力量，让肌肉线条更好看，可以进行大负重、低重复次数的训练；想减脂，则要在进行力量训练的同时，增加一些有氧训练；想对某一部位进行塑形，可增加该部位训练的频率。

不跳过热身与放松

对于任何训练来说，热身与放松都是必需的。训练前热身可以使肌肉摆脱僵硬的状态；使体温升高、肌肉弹性提升；使血液流动加快，让养分到达身体各处的速度加快，使肌肉更好地进入运动状态，不会因为僵硬而拉伤或痉挛。训练后放松则是为了使肌肉更好地恢复，将训练中产生的乳酸等代谢废物快速排出，减轻疲劳感与肌肉酸痛感。训练后，通常肌肉还保持着训练时的收缩紧张状态，拉伸放松可以使肌纤维变得舒展而有弹性，有助于肌肉恢复和塑形。

配合呼吸

训练时，正确呼吸能够帮助提升训练效率、效果和安全性，而屏气或不正确呼吸可能导致头晕、血压升高，影响动作的完成，甚至带来危险。在训练中，建议采用"用力时呼气，恢复时吸气"的方法。例如，进行杠铃卧推时，在推起重量的用力阶段呼气，在重量回落的阶段吸气。这种呼吸方法有助于激活核心肌群，维持身体稳定，让肌肉更好发力，同时减轻心血管系统的负担。

重视休息

休息是训练中经常被忽视但非常重要的一部分。肌肉的修复与生长主要发生在休息期间，而不是在训练过程中。适当的休息既能让身体从训练疲劳中恢复，为后面的训练做好准备，又能帮助肌肉在训练后的超量恢复过程中更快地修复、生长。训练者应根据训练的目标和强度确定休息时长。例如，对于以提升力量为目标的高强度训练，建议每组之间休息1~3分钟，确保肌肉有足够的时间恢复力量。此外，训练后的日常休息也很重要，充足的睡眠和营养是帮助肌肉修复、生长的关键。

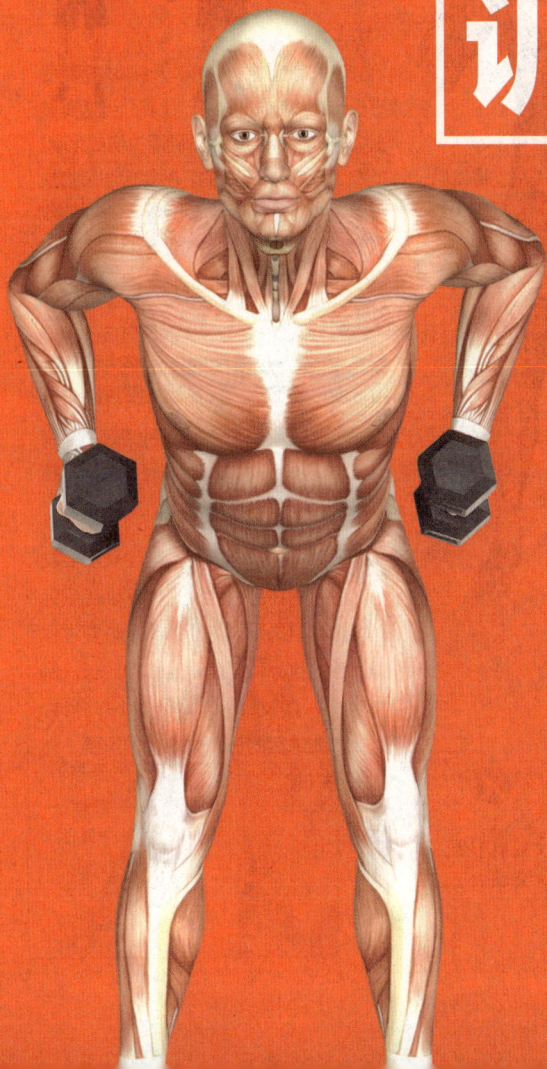

第1章

哑铃
训练

哑铃—站姿弯举

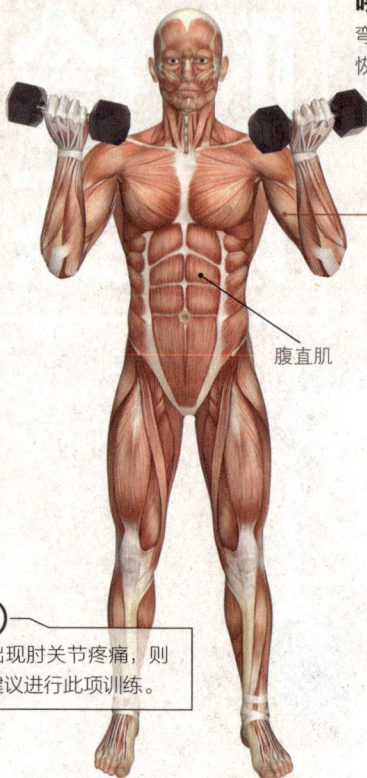

肱二头肌

腹直肌

呼吸

弯举时呼气，恢复时吸气。

起始

站立，双脚间距与肩同宽，双手握哑铃自然下垂于身侧，掌心向前。

过程

保持站姿，双臂同时向上弯举至双手位于肩部前方。恢复起始姿势，完成规定次数。

(!) 若出现肘关节疼痛，则不建议进行此项训练。

✓
• 核心收紧。
• 双肩放松。
• 背部保持挺直。

✗
• 双肩上耸。
• 背部拱起。

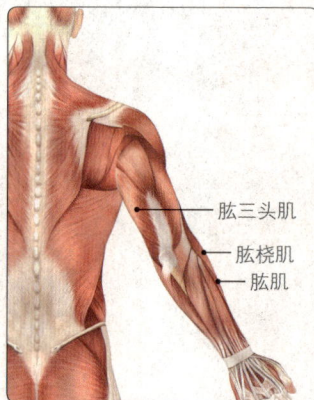

肱三头肌

肱桡肌

肱肌

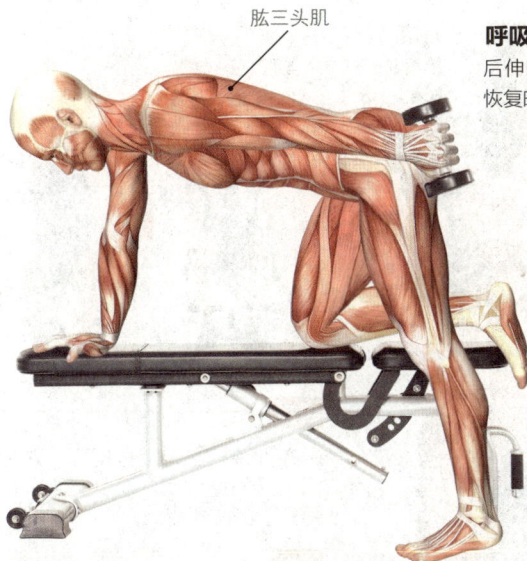

肱三头肌

呼吸
后伸时呼气，
恢复时吸气。

- 背部保持平直。
- 屈伸时，上臂夹紧且与躯干平行。

- 支撑手臂晃动。
- 背部弯曲。

哑铃－俯身臂屈伸－单臂

若出现肘关节疼痛，则不建议进行此项训练。

起始

一侧膝、手支撑于训练椅上；对侧手握哑铃于身侧，躯干、上臂与地面平行，前臂垂直于地面。

过程

保持身体稳定，单手握哑铃向后伸展至手臂伸直，且平行于地面。恢复起始姿势，完成规定次数。对侧亦然。

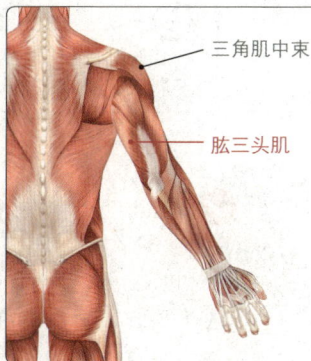

三角肌中束

肱三头肌

3

哑铃－坐姿前平举

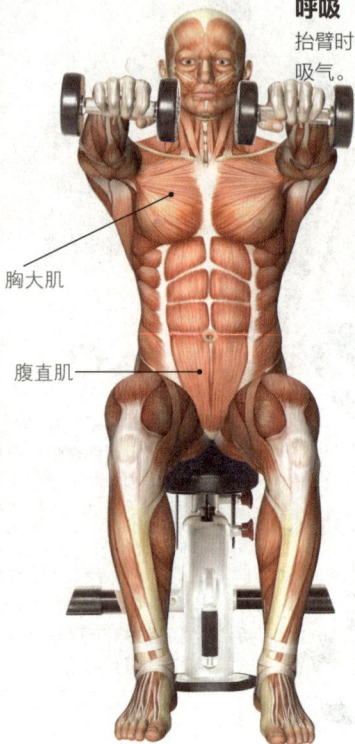

• • •

呼吸

抬臂时呼气，恢复时吸气。

胸大肌

腹直肌

起始

坐在训练椅上，上身挺直，双腿间距约与肩同宽，双手握哑铃自然垂于身体两侧。

过程

双臂同时向前平举至双臂与肩同高或略高于肩部。恢复起始姿势，完成规定次数。

(!) 若出现肩关节疼痛，则不建议进行此项训练。

✓
• 双臂保持平行。
• 上身始终保持挺直。
• 双臂平稳上举。

✗
• 上身前倾或后仰。
• 双臂上举速度过快。
• 双臂上举过高。

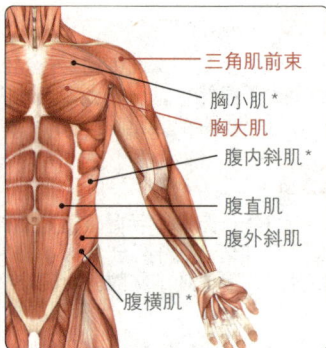

三角肌前束
胸小肌*
胸大肌
腹内斜肌*
腹直肌
腹外斜肌
腹横肌*

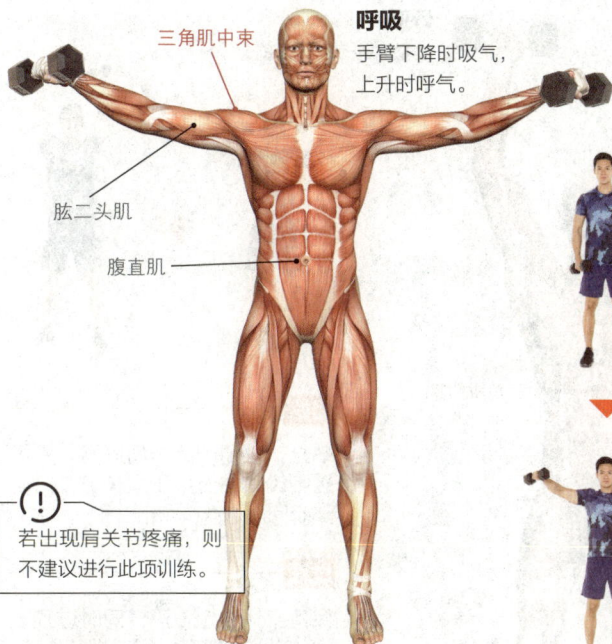

三角肌中束

肱二头肌

腹直肌

呼吸
手臂下降时吸气，上升时呼气。

哑铃－站姿侧平举

若出现肩关节疼痛，则不建议进行此项训练。

✔
• 肩部放松。
• 核心收紧。
• 身体保持稳定。

✘
• 身体晃动。
• 抬臂过高。
• 肩部上耸。

斜方肌*
三角肌中束
肱三头肌

起始

站立，双脚间距与肩同宽。双手持握哑铃，掌心相对，垂于身体两侧。

过程

保持身体姿势不变，肩部发力，向两侧平举至手臂与地面平行，肘部微屈。恢复起始姿势，完成规定次数。

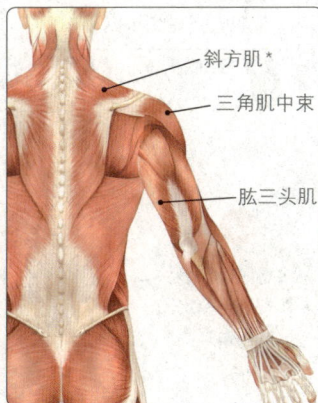

5

哑铃－站姿肩上推举

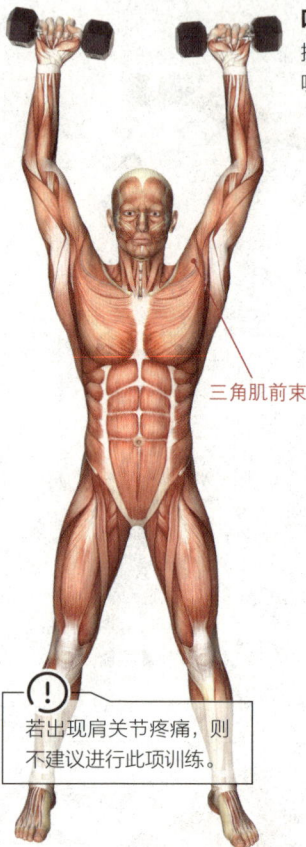

呼吸
推举时呼气，恢复时
吸气。

三角肌前束

！ 若出现肩关节疼痛，则
不建议进行此项训练。

起始
站立，双腿间距与肩同宽，双手
握哑铃，屈肘放于肩关节上方，
掌心向前。

过程
保持身体稳定，双臂同时过顶上
举。恢复起始姿势，完成规定次数。

肩胛提肌 *
斜方肌
三角肌中束
肱三头肌

✔
• 双臂同时推举。
• 保持身体稳定。
• 背部挺直。

✘
• 身体晃动。
• 双臂前后晃动。

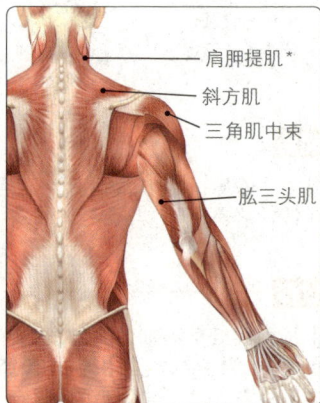

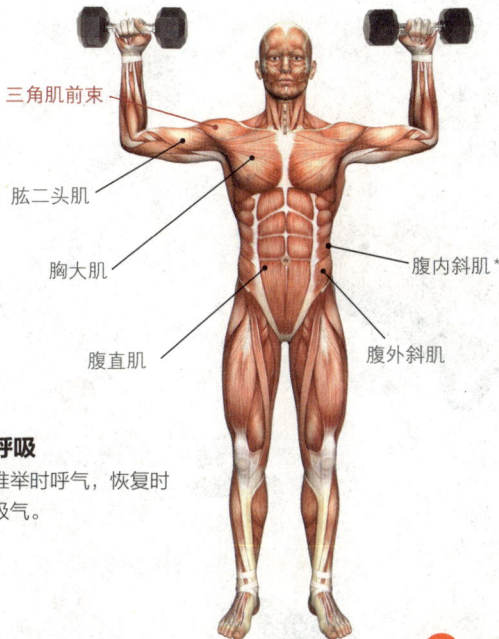

三角肌前束

肱二头肌

胸大肌

腹直肌

腹内斜肌*

腹外斜肌

呼吸
推举时呼气，恢复时
吸气。

哑铃－招财猫

！
肩部有问题、腰背部疼
痛时，谨慎练习。

✓
• 核心收紧，
不要耸肩。
• 运动过程中，
保持背部平直。

✗
• 身体晃动。
• 双臂前后晃动。

斜方肌
冈上肌*
三角肌后束
小圆肌
冈下肌
背阔肌

起始

双脚分开站立。双手握哑铃上臂上抬至
与地面平行，前臂下垂，掌心向后。

过程

上臂位置保持不变，前臂向上、向后抬
起至与地面垂直，掌心向前。停留一下，
恢复起始姿势，完成规定次数。

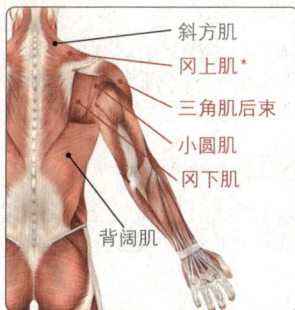

7

哑铃—上斜卧推

若出现肘关节疼痛，则不建议进行此项训练。

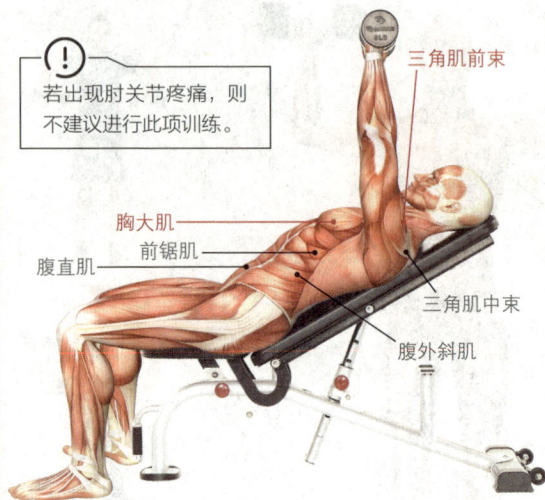

三角肌前束

胸大肌
前锯肌
腹直肌
三角肌中束
腹外斜肌

呼吸
上推时呼气，恢复时吸气。

✓
• 头部紧贴椅背。
• 背部保持平直。

✗
• 头部上抬。
• 肘关节锁死。

斜方肌
肱三头肌

起始
调节训练椅至上斜 30~45 度，身体仰卧于训练椅上，双手握哑铃，双臂屈肘，哑铃位于肩部前方。

过程
双臂同时上推哑铃至手臂伸直。恢复起始姿势，完成规定次数。

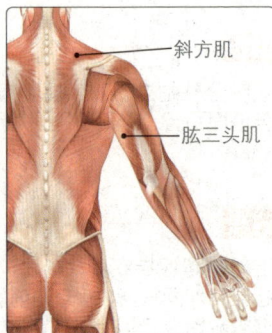

8

呼吸

双臂打开时吸气，
恢复时呼气。

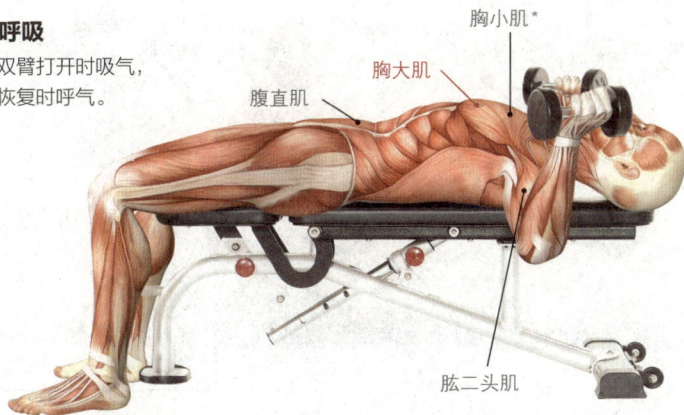

腹直肌

胸小肌*

胸大肌

肱二头肌

哑铃－平凳仰卧飞鸟

(!) 若出现肩关节疼痛，则
不建议进行此项训练。

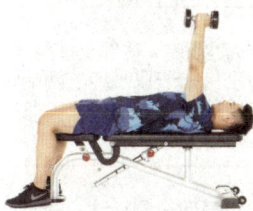

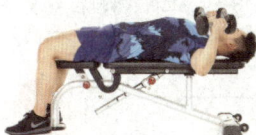

✓
- 肩胛骨收紧。
- 肩部放松。
- 核心收紧。
- 背部挺直。

✗
- 头部上抬。
- 肩部肌肉紧绷。
- 双脚向上抬起。

斜方肌

三角肌

起始

仰卧在训练椅上，双手握哑铃，掌
心相对，双臂伸直，距离约与肩同宽。
躯干与大腿呈一条直线。

过程

双肘微屈，双臂打开至肘部尽可能
与肩膀高度一致，做飞鸟练习。恢
复起始姿势，完成规定次数。

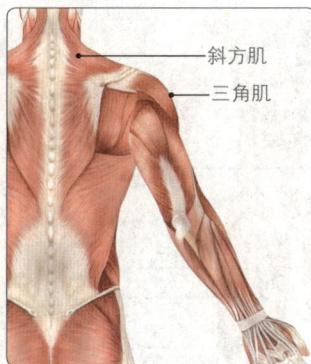

9

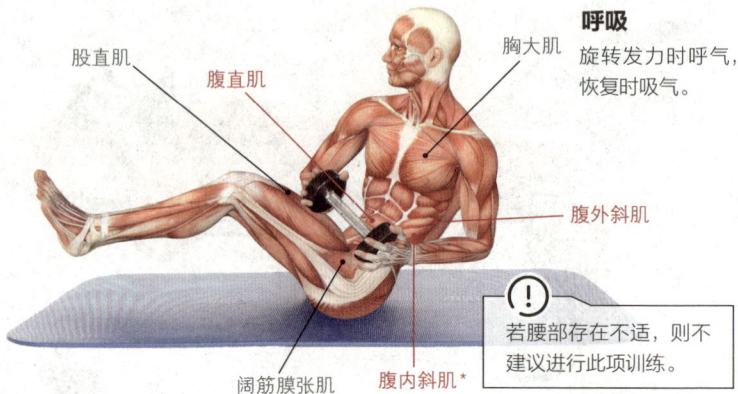

股直肌

腹直肌

胸大肌

呼吸

旋转发力时呼气，恢复时吸气。

腹外斜肌

哑铃－俄罗斯转体

若腰部存在不适，则不建议进行此项训练。

阔筋膜张肌

腹内斜肌*

起始

呈坐姿，屈髋、屈膝抬起双腿，臀部支撑身体，上身稍后仰。双手分别持握一只哑铃的两端，屈肘将其置于胸前，下背部挺直。

过程

下身姿势保持不变，上身向一侧转动，同时将哑铃移至身体同侧，稍作停顿。下身姿势保持不变，上身向另一侧扭转，同时将哑铃移至身体另一侧，稍作停顿。两侧交替进行，完成规定的次数。

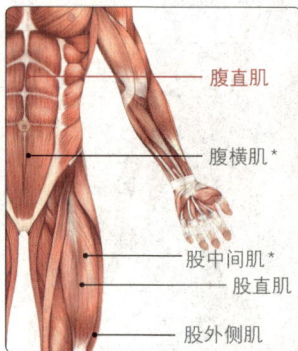

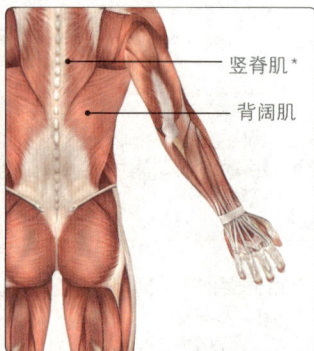

腹直肌

腹横肌*

股中间肌*

股直肌

股外侧肌

竖脊肌*

背阔肌

• 背部挺直。
• 核心收紧。
• 肩部和手臂固定。

• 上身过度后仰。

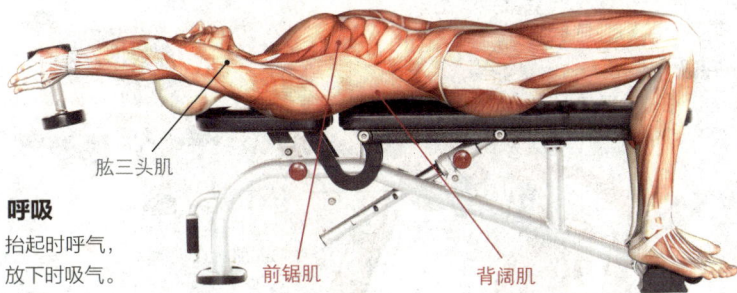

哑铃—仰卧上拉

肱三头肌

呼吸

抬起时呼气，
放下时吸气。

前锯肌

背阔肌

若肩部存在不适，则不
建议进行此项训练。

起始

仰卧在训练椅上，双手托哑铃放于
胸部正上方，手臂伸直。

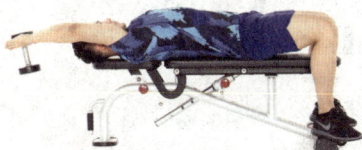

过程

保持手臂伸直，将哑铃向头顶方向
移动，直至双臂与地面接近平行。
恢复起始姿势，完成规定的次数。

• 背部保持平直。

• 哑铃脱手，
击中身体。

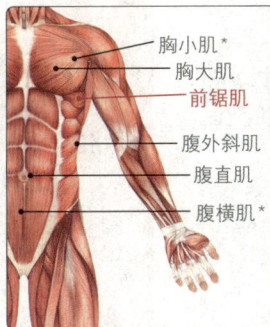

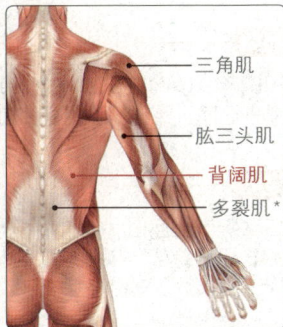

胸小肌 *
胸大肌
前锯肌
腹外斜肌
腹直肌
腹横肌 *

三角肌

肱三头肌

背阔肌

多裂肌 *

肱三头肌

三角肌

呼吸
向上提拉时呼气，
恢复时吸气。

胸大肌

肱二头肌

哑铃－俯身划船－单臂

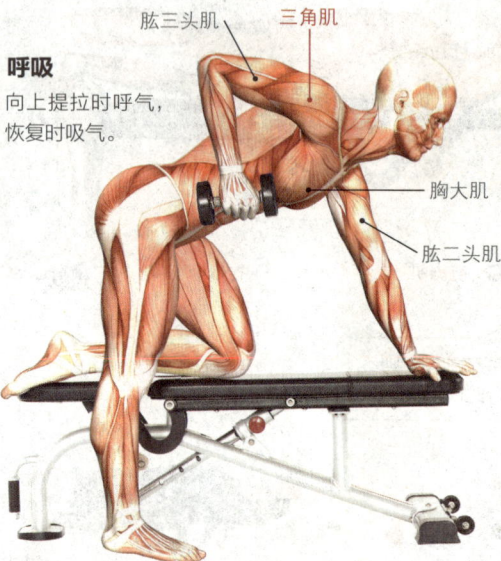

▼

若背部存在不适，则不
建议进行此项训练。

✓
• 向上提拉哑铃时，
  上臂紧贴躯干。
• 躯干保持挺直。

✗
• 凭借冲力
  将哑铃提起。

斜方肌

菱形肌*

冈下肌*
大圆肌*

背阔肌

起始
一侧手、膝撑在训练椅上，另一侧脚
撑于地面，另一侧手握哑铃自然下垂。

过程
训练侧手臂屈肘，向上提拉哑铃至肘
关节超过背部。恢复起始姿势，完成
规定的次数。对侧亦然。

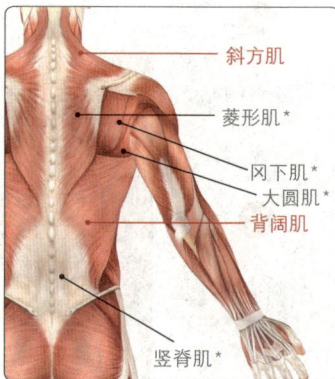

竖脊肌*

呼吸

后拉时呼气，
恢复时吸气。

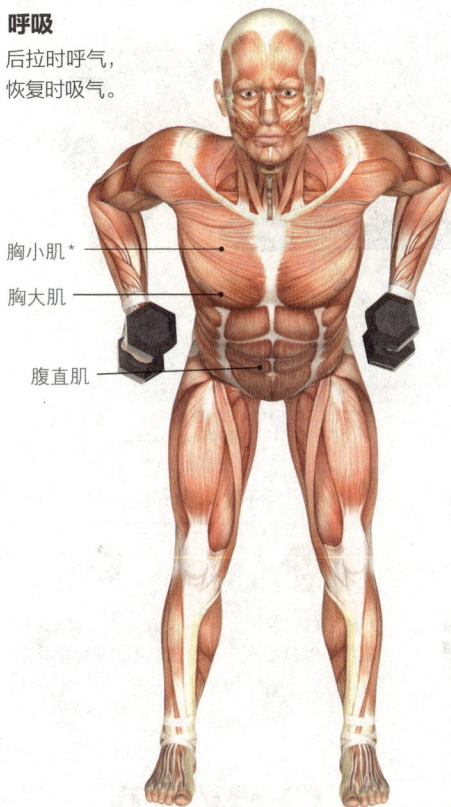

胸小肌*

胸大肌

腹直肌

哑铃－俯身划船

起始

站立，双腿间距与肩同宽，
向前俯身，膝盖微屈。双
手握哑铃自然垂于身体两
侧，掌心相对。

过程

保持身体姿势不变，双手
同时后拉哑铃至髋部两侧。
恢复起始姿势，完成规定
次数。

!　若出现肩关节疼痛，则
不建议进行此项训练。

✓
• 保持背部挺直。
• 保持核心收紧。
• 手臂贴近身体。

✗
• 后拉速度过快。
• 双肩肌肉紧张。

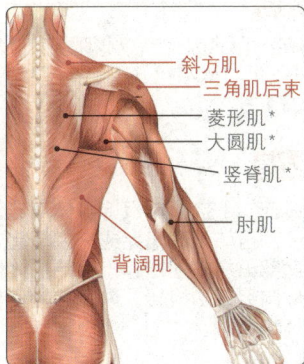

斜方肌
三角肌后束
菱形肌*
大圆肌*
竖脊肌*
肘肌
背阔肌

呼吸

挺身转体时呼气，
恢复时吸气。

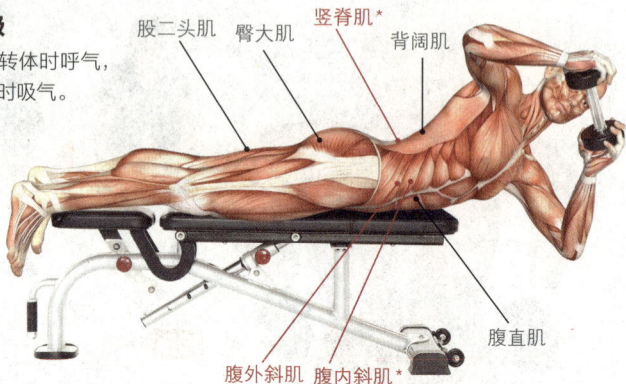

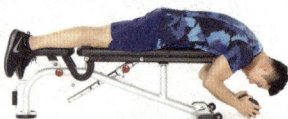

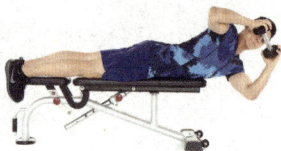

股二头肌　臀大肌　竖脊肌*　背阔肌

腹直肌

腹外斜肌　腹内斜肌*

哑铃－俯卧挺身转体

(!) 若出现背部肌肉疼痛，
则不建议进行此项训练。

✓
• 核心肌肉收紧。
• 背部保持平直。

✗
• 双腿向上抬起。
• 肩部不稳定。

起始

俯卧于训练椅上，双脚固定在训练椅上，
胸部以上悬空。双手握一只哑铃放在头
部下方。

过程

背部向上抬起，保持身体稳定，身体向
一侧扭转。动作完成，恢复起始姿势。
背部再次向上抬起，保持身体稳定，身
体向另一侧扭转。恢复起始姿势，完成
规定次数。

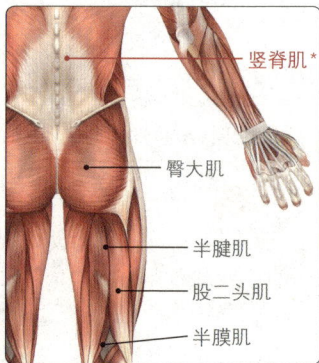

竖脊肌*

臀大肌

半腱肌

股二头肌

半膜肌

腹横肌*

呼吸
挺髋时呼气，恢复
时吸气。

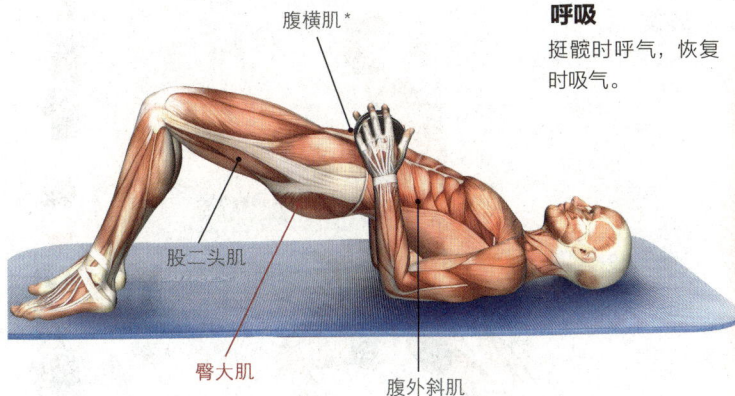

股二头肌

臀大肌

腹外斜肌

(!)

若下背部出现疼痛，则不
建议进行此项训练。

✓
• 髋部伸展时膝、
髋和肩呈一条
直线。

✗
• 背部拱起。
• 髋部下沉。
• 颈部压力过大。

腰方肌*
竖脊肌*
臀大肌*
大收肌*
半腱肌
股二头肌
半膜肌

起始

仰卧在瑜伽垫上，双手握哑铃放在腹
部，双膝弯曲，双脚放在垫上。

过程

向上顶髋，使躯干和大腿呈一条直线。
恢复起始姿势，完成规定次数。

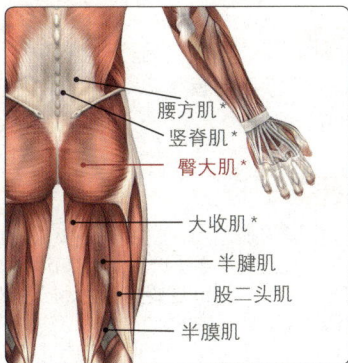

哑铃-弓步蹲交替

呼吸
下蹲时吸气，站起时呼气。

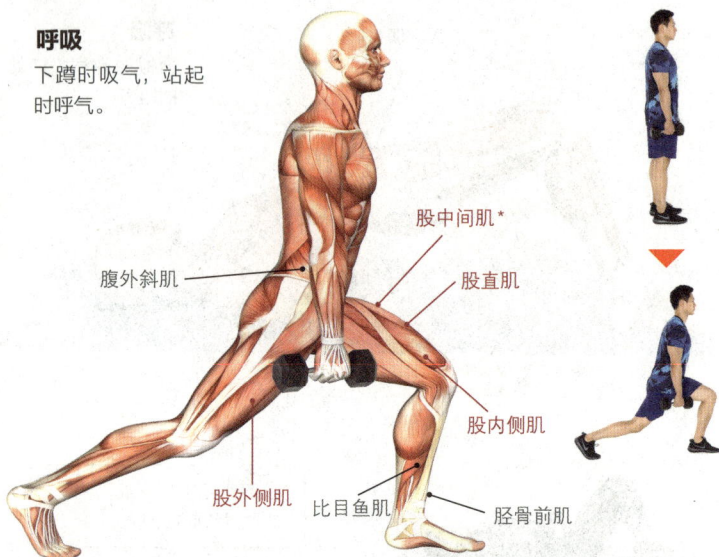

腹外斜肌

股中间肌*

股直肌

股内侧肌

股外侧肌

比目鱼肌

胫骨前肌

- 躯干保持直立。
- 膝关节和脚尖均向前。

- 身体向一侧倾斜。
- 膝关节超过脚尖。

若膝关节存在不适，则不建议进行此项训练。

起始

站立，双手各握一只哑铃，自然垂于身体两侧。

过程

一侧脚向前迈步，屈膝呈弓步。前腿回收恢复直立姿势。另一侧脚向前迈步，屈膝呈弓步。恢复直立姿势。两侧交替进行，完成规定的次数。

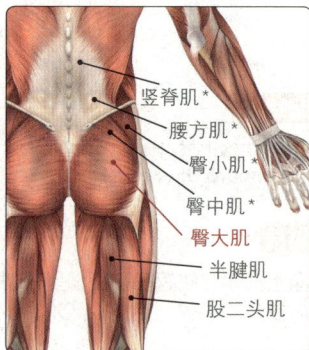

竖脊肌*
腰方肌*
臀小肌*
臀中肌*
臀大肌
半腱肌
股二头肌

呼吸

站起时呼气，恢复时吸气。

股中间肌*

股内侧肌

阔筋膜张肌*

股直肌

股外侧肌

股内收肌

! 若出现膝关节疼痛，则不建议进行此项训练。

✔
- 腹部肌群收紧。
- 双腿保持稳定。
- 背部挺直。

✘
- 背部弯曲。
- 膝关节内扣。
- 上身前倾。

臀小肌*
臀中肌*
臀大肌
大收肌*
半腱肌
股二头肌
半膜肌

哑铃－相扑深蹲

起始

身体呈深蹲姿，双脚分开比肩宽，脚尖向外，双手托哑铃于身前。

过程

保持身体姿势不变，向上伸髋。双腿伸直，呈站立姿势。恢复起始姿势，完成规定次数。

17

哑铃—后腿抬高分腿蹲 •••

呼吸

下蹲时吸气，恢复
时呼气。

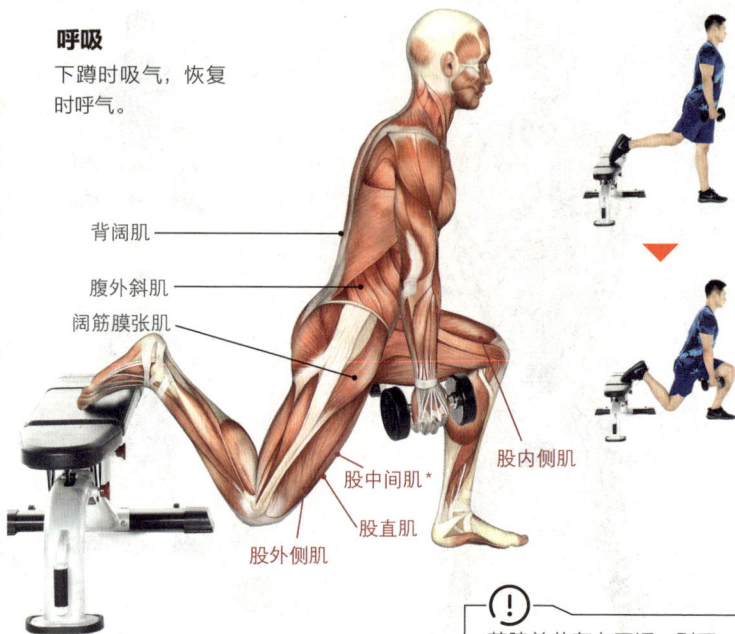

背阔肌

腹外斜肌

阔筋膜张肌

股中间肌*

股直肌

股外侧肌

股内侧肌

若膝关节存在不适，则不
建议进行此项训练。

✓
• 躯干保持直立。
• 膝关节和脚尖
均向前。

✗
• 膝关节超过脚尖。
• 膝关节内扣。

臀小肌*

臀中肌*

臀大肌

半腱肌

股二头肌

半膜肌

起始

一侧脚向后放在训练椅上，另一侧脚撑地，
身体直立，双手握哑铃自然垂于身体两侧。

过程

保持身体稳定，直立腿屈膝下蹲。恢复起
始姿势，完成规定的次数。对侧亦然。

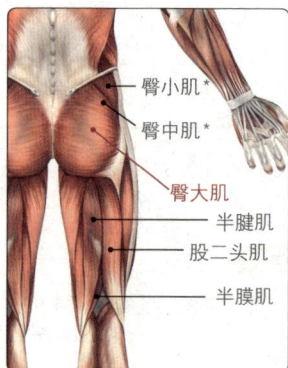

呼吸
下蹲时吸气，恢复
时呼气。

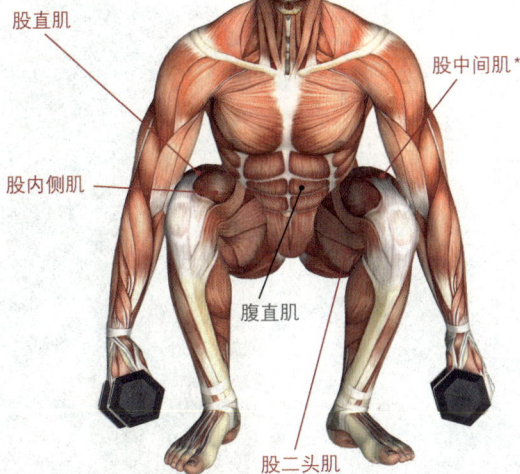

股直肌

股中间肌*

股内侧肌

腹直肌

股二头肌

哑铃－深蹲

起始
站立，双脚分开，与肩同宽，双手握哑
铃自然垂于身体两侧。

过程
保持上身挺直，双腿屈膝下蹲至大腿与
地面平行。恢复起始姿势，完成规定次数。

! 若出现膝关节疼痛，则不
建议进行此项训练。

臀小肌*
臀中肌*
臀大肌

半腱肌
半膜肌

✓
• 躯干保持挺直。
• 膝盖和脚尖
　方向一致。

✕
• 膝关节外扩。
• 肩部上耸。

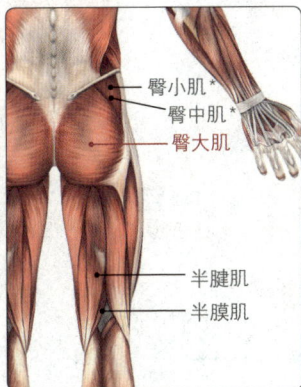

19

第 2 章

杠铃训练

胸大肌

肱三头肌

腹横肌*

杠铃－卧推

呼吸

手臂推起时呼气，
恢复时吸气。

⚠ 若出现肘关节疼痛，则
不建议进行此项训练。

✓
• 卧推轨迹在
胸部的正上方。
• 背部挺直。
• 核心收紧。

✗
• 手腕弯曲。
• 负荷过大。
• 臀部向上抬起。

起始

仰卧于卧推凳，双脚支撑于地面。双手
正握杠铃杆于胸部正上方，握距略比肩
宽，手臂屈肘，下放杠铃至胸部位置。

过程

胸部发力，双臂向上推举至手臂伸直，
稍作停顿，恢复起始姿势。完成规定次数。

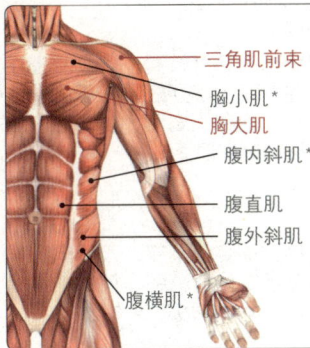

三角肌前束
胸小肌*
胸大肌
腹内斜肌*
腹直肌
腹外斜肌
腹横肌*

21

杠铃—上斜卧推

呼吸

手臂推起时呼气，恢复时吸气。

肱三头肌

胸大肌

(!) 若出现肘关节疼痛，则不建议进行此项训练。

✓
- 手腕保持伸直。
- 卧推轨迹在肩部的上方。

✗
- 手腕弯曲。
- 肘关节锁死。

起始

仰卧于上斜卧推凳，双脚支撑于地面。双手正握杠铃杆于肩部上方，握距略比肩宽，手臂屈肘下放杠铃至肩部。

过程

保持身体姿势不变，双臂向上推举至手臂伸直，稍作停顿，恢复起始姿势。完成规定次数。

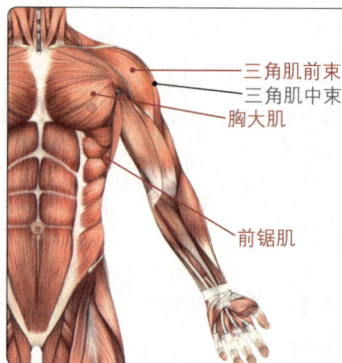

三角肌前束
三角肌中束
胸大肌
前锯肌

胸大肌

胸大肌

肱三头肌

腹外斜肌

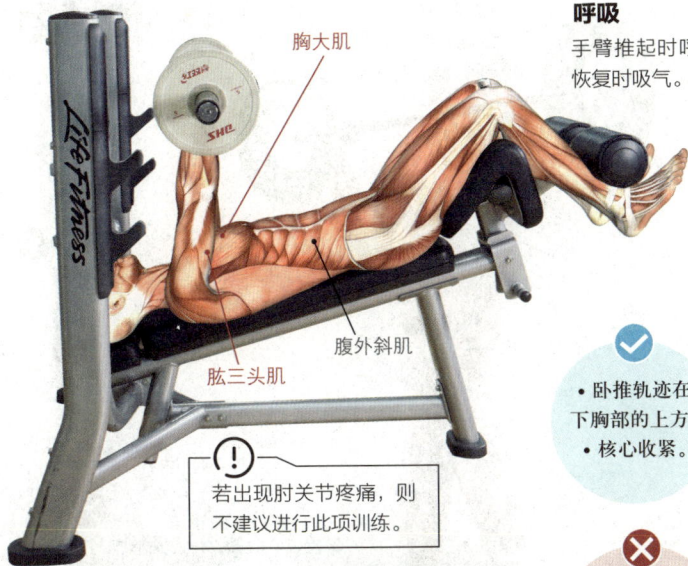

呼吸
手臂推起时呼气，
恢复时吸气。

• 卧推轨迹在
下胸部的上方。
• 核心收紧。

若出现肘关节疼痛，则
不建议进行此项训练。

• 腕关节弯曲。
• 肘关节锁死。

三角肌前束
胸小肌*
胸大肌

腹直肌

起始

仰卧于下斜卧推凳。双手正握杠
铃杆，握距略比肩宽，手臂屈肘
下放杠铃至下胸部。

过程

胸部发力，双臂稳定向上推举杠
铃至手臂伸直。恢复起始姿势，
完成规定次数。

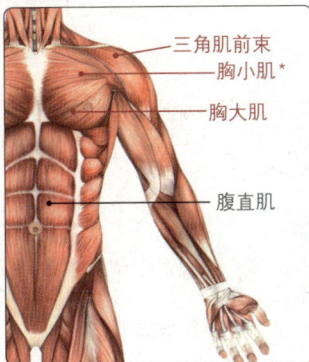

23

杠铃—站姿肩上推举

呼吸
上推时呼气，下放时吸气。

肱三头肌

肱二头肌
三角肌前束

腹外斜肌

腹内斜肌*

腹横肌*

✓
• 保持核心收紧。
• 保持躯干的中立位。
• 手臂不要伸得过直。

✗
• 腰部过度拱起，手腕弯曲。
• 杠铃路径偏离，导致肩部受力不均。

(!) 若膝盖、手腕、肩部或腰部存在不适，则不建议进行此项训练。

肩胛提肌
斜方肌
三角肌中束*
小圆肌
肱三头肌

起始
站立，双脚分开略比肩宽，双手间距略宽于肩，握住杠铃，将杠铃放置在肩前侧。

过程
保持核心收紧，双臂发力将杠铃推举过头顶。有控制地下放杠铃至肩前侧，重复上述步骤至规定的次数。

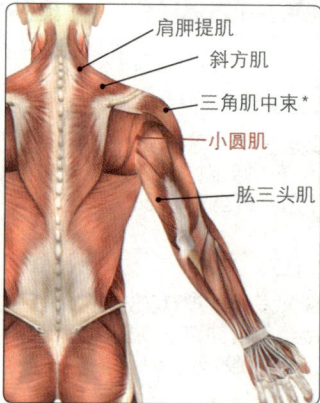

呼吸

将杠铃向身体方向拉的时候呼气，下放时吸气。

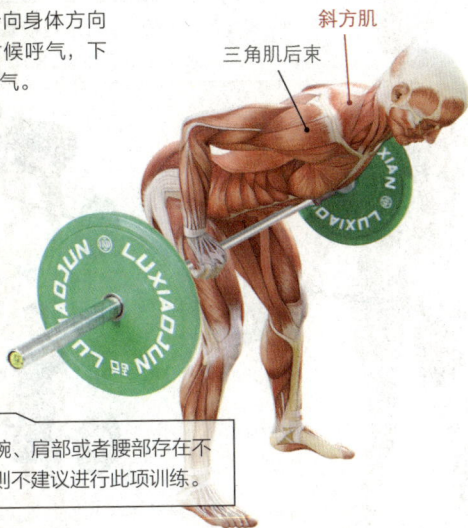

斜方肌

三角肌后束

LUXIAN

LUXIAN 陆 献

杠铃-俯身划船

(!) 若手腕、肩部或者腰部存在不适，则不建议进行此项训练。

起始

双手间距与肩同宽，握住杠铃，保持核心收紧，背部挺直，向前俯身，双臂伸直，将杠铃放置在腿前面。背部肌肉收缩，使杠铃贴近身体。

过程

保持核心收紧，背部肌肉发力将杠铃向身体的方向拉。有控制地下放杠铃至起始姿势，重复上述步骤至规定的次数。

✓ • 杠铃贴近身体拉动，感受背部肌肉的收缩。

✗ • 弓背，背部肌肉受到的刺激减少。

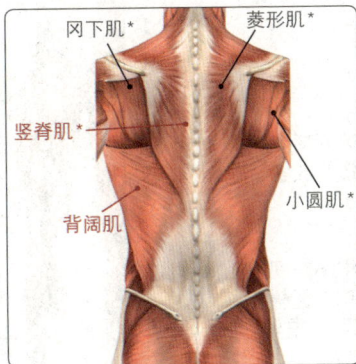

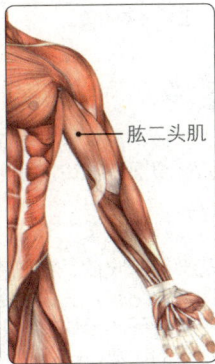

冈下肌*

菱形肌*

竖脊肌*

背阔肌

小圆肌*

肱二头肌

杠铃－硬拉

呼吸

将杠铃向上拉的时候呼气，下放时吸气。

若膝盖、手腕、肩部或者腰部存在不适，则不建议进行此项训练。

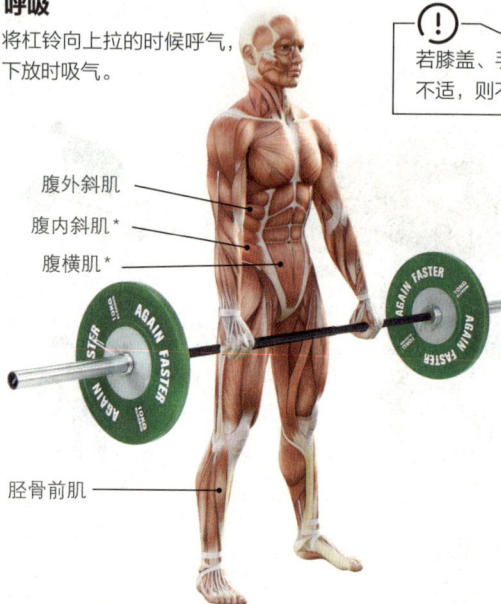

腹外斜肌

腹内斜肌*

腹横肌*

胫骨前肌

斜方肌

菱形肌*

竖脊肌*

臀中肌*

臀小肌*

臀大肌

半腱肌

股二头肌

半膜肌

腓肠肌

比目鱼肌

• 杠铃紧贴身体上拉，避免晃动。
• 全程控制杠铃，避免突然用力。

• 腰部过度弯曲。
• 杠铃远离身体，导致背部受力不均。

起始

杠铃放在前方地上，双手间距与肩同宽，下蹲俯身抓住杠铃，保持核心收紧，背部挺直。

过程

背部肌肉收缩，将杠铃拉起。双腿和背部肌肉发力站起，呈直立姿势。缓慢下蹲、俯身，将杠铃下放至快接近地面。重复上述步骤至规定的次数。

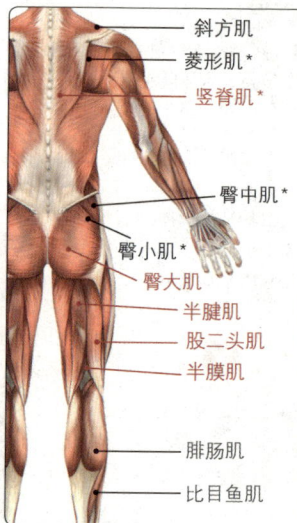

呼吸

站起时呼气，
下蹲时吸气。

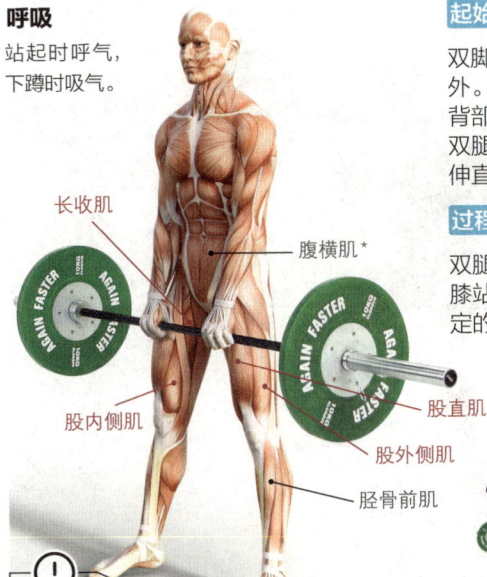

长收肌

腹横肌*

股内侧肌

股直肌

股外侧肌

胫骨前肌

(!) 若膝盖、手腕或者腰部存在不
适，则不建议进行此项训练。

起始

双脚分开，距离比肩宽脚尖朝
外。屈髋屈膝下蹲，同时保持
背部挺直，向前俯身至双手于
双腿之间位置握住杠铃，手臂
伸直。

过程

双腿和臀部肌肉发力，伸髋伸
膝站起，呈直立姿势。重复规
定的次数。

杠铃－相扑式硬拉

● ● ●

✔ • 背部挺直。

✖ • 膝关节内扣。

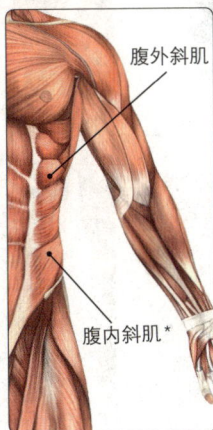

腹外斜肌

腹内斜肌*

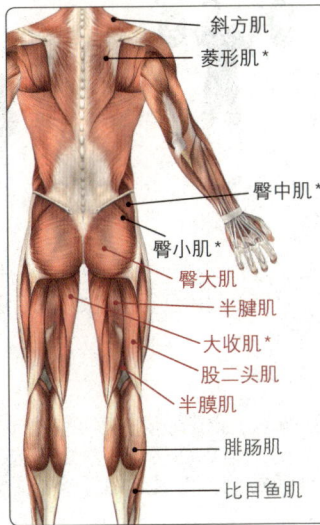

斜方肌

菱形肌*

臀中肌*

臀小肌*

臀大肌

半腱肌

大收肌*

股二头肌

半膜肌

腓肠肌

比目鱼肌

杠铃－深蹲

呼吸

站起时呼气，
下蹲时吸气。

肱二头肌

腹外斜肌

腹内斜肌*

股中间肌*

股直肌

股外侧肌

胫骨前肌

腹横肌*

缝匠肌

股内侧肌

✓

• 背部挺直，核心收紧，保持挺胸抬头。

✗

• 膝关节超过脚尖。
• 膝关节内扣。

ⓘ 若膝盖或者腰部存在不适，则不建议进行此项训练。

起始

双脚开立，与肩同宽或略宽于肩，脚尖向前。杠铃杆置于肩后部斜方肌处，双手固定于杆子两侧。

过程

躯干挺直，挺胸收腹，眼睛直视前方。下蹲至大腿约与地面平行，然后下肢发力，伸膝伸髋站起，恢复起始姿势。重复规定的次数。

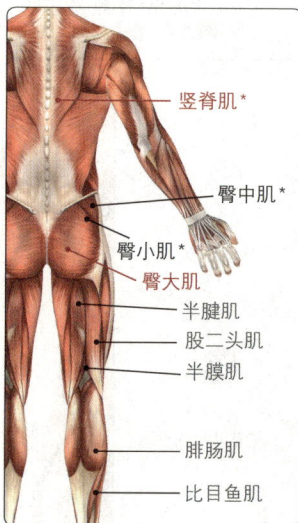

竖脊肌*

臀中肌*

臀小肌*

臀大肌

半腱肌

股二头肌

半膜肌

腓肠肌

比目鱼肌

呼吸

站起时呼气，
下蹲时吸气。

- 背部挺直，核
  心收紧。
- 双肘前顶，避
  免杠铃滑落。

- 膝盖内扣或
  外展。

杠铃—前蹲

腹外斜肌
腹内斜肌*

股中间肌*
股直肌

股外侧肌

腹横肌*
股内侧肌

缝匠肌

胫骨前肌

若膝盖、手腕、肩部或者腰部存在
不适，则不建议进行此项训练。

起始

双脚开立，与肩同宽或略宽于肩，脚尖向前。
杠铃杆置于肩前部，双手手肘尽量向前顶
出，保持杠铃稳定。

过程

躯干挺直，挺胸收腹，眼睛直视前方。下蹲
至大腿约与地面平行，然后下肢发力，伸
膝伸髋站起，恢复起始姿势。重复规定的
次数。

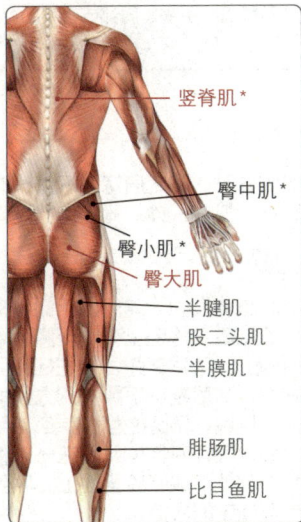

竖脊肌*

臀中肌*

臀小肌*

臀大肌

半腱肌

股二头肌

半膜肌

腓肠肌

比目鱼肌

呼吸

开始运动前吸一口气，抓举时憋气，上挺时呼气或者憋气，稳定之后完成呼吸。

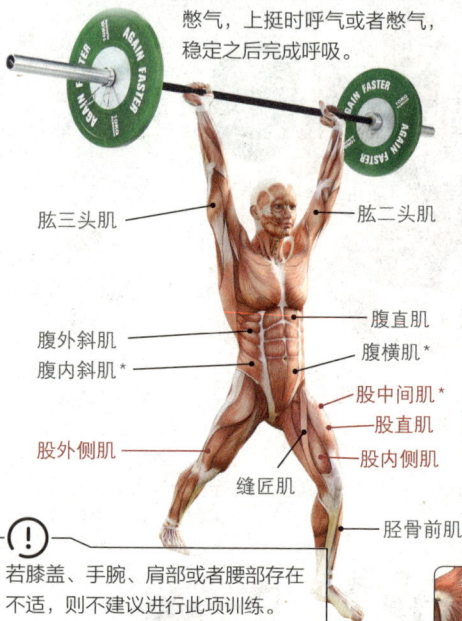

肱三头肌

肱二头肌

腹直肌

腹外斜肌

腹横肌*

腹内斜肌*

股中间肌*

股直肌

股外侧肌

股内侧肌

缝匠肌

胫骨前肌

- 在"提拉"阶段，快速而有力地上提杠铃。

- 试图用背部力量而非腿部力量提起杠铃。

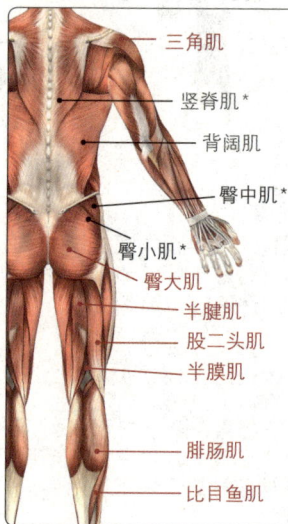

(!) 若膝盖、手腕、肩部或者腰部存在不适，则不建议进行此项训练。

三角肌

竖脊肌*

背阔肌

臀中肌*

臀小肌*

臀大肌

半腱肌

股二头肌

半膜肌

腓肠肌

比目鱼肌

起始

双脚分开，略比肩宽，下蹲，双手间距略比肩宽，抓住杠铃，背部保持挺直。

过程

下肢蹬伸发力，随后双手向上提拉杠铃，使杠铃贴着身体向上移动至胸部附近。双肘向后画圆，身体略蹲，接住杠铃。保持稳定后站直，随后略微下蹲并用力蹬伸，双手向上推举杠铃，双腿变为弓步姿。手臂保持上举，两脚收回并对称地站稳在一条横线上。双手有控制地下放杠铃至地上，回到起始姿势，重复规定的次数。

第**3**章

壶铃训练

壶铃－站姿颈后臂屈伸

呼吸
手臂伸直时呼气，
屈曲时吸气。

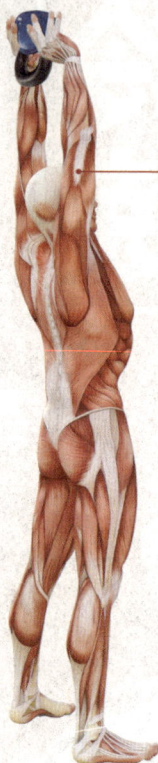

> (!) 若手腕、肩部或者肘部存在不适，
> 则不建议进行此项训练。

肱三头肌

✓
- 核心收紧，背部挺直。
- 双臂发力时保持肩关节稳定。

✗
- 手臂伸得过直。
- 身体发生晃动。

起始

呈基本站姿，双脚距离约与肩同宽。双手握壶铃，双臂伸直举过头顶。保持挺胸直背。

过程

保持上臂不动，屈肘将壶铃缓慢下降至脑后。双臂肱三头肌同时发力，伸肘将壶铃举过头顶至手臂伸直。重复规定的次数。

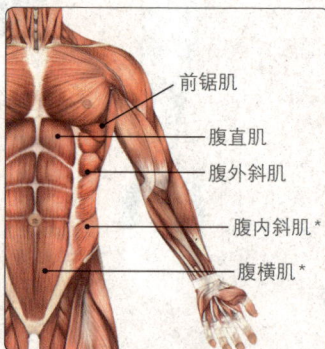

前锯肌
腹直肌
腹外斜肌
腹内斜肌*
腹横肌*

呼吸

全程均匀呼吸。

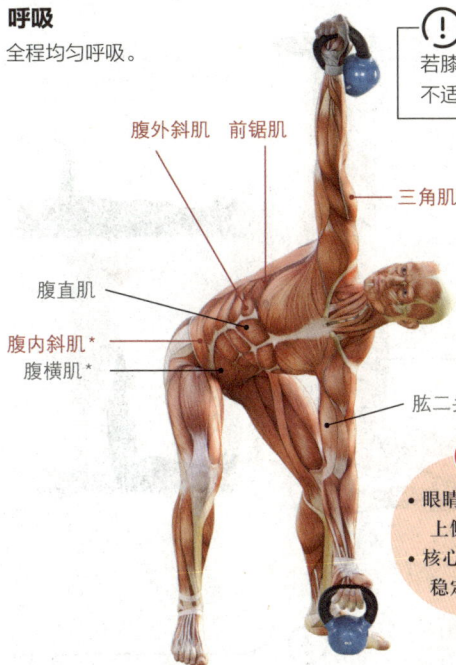

腹外斜肌　前锯肌

三角肌

腹直肌

腹内斜肌*

腹横肌*

肱二头肌

壶铃—双风车

- 眼睛始终目视上侧壶铃。
- 核心收紧，以稳定脊柱。

- 在举起壶铃时，身体向一侧倾斜，导致动作不平衡。

起始

双脚开立，超过肩宽，脚尖朝向外侧，单手紧握壶铃把手并使手臂向上完全伸展，保持壶铃底部朝下，将另一只壶铃置于未持壶铃一侧的脚前地面上。

过程

身体向未持壶铃的手臂一侧屈曲至躯干与地面接近平行，未持壶铃的手臂下垂，手接触壶铃并握住把手，之后身体向上直立，将地面壶铃提起，双臂始终保持伸直。身体再次向同侧屈曲至壶铃底部接触地面，松开壶铃把手并恢复至起始姿势，重复规定次数。换至对侧重复以上步骤。

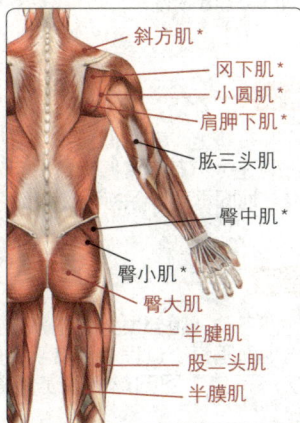

斜方肌*

冈下肌*

小圆肌*

肩胛下肌*

肱三头肌

臀中肌*

臀小肌*

臀大肌

半腱肌

股二头肌

半膜肌

33

呼吸

坐起时呼气，
恢复时吸气。

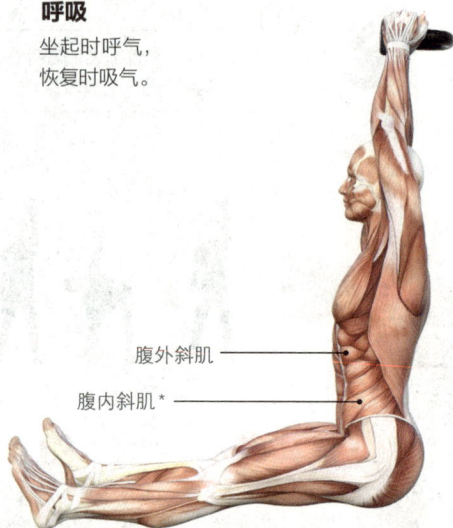

腹外斜肌

腹内斜肌*

• 下落的时候应
有控制，避免利
用惯性完成动作。

• 屏住呼吸。
• 下落速度过快。

若手腕、肩部或者腰部存在不适，
则不建议进行此项训练。

起始

仰卧于垫上，双腿伸直并夹紧脚腕处放
置的壶铃，双手紧握壶铃，手臂向上伸
展与地面垂直，保持壶铃底部朝前。

过程

腿部不动，腹部发力，躯干向上挺起至
与地面垂直，过程中保持手臂向上伸展
状态不变。回到起始姿势，重复规定
次数。

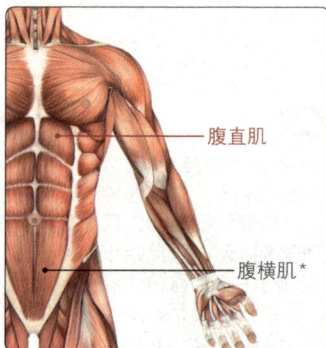

腹直肌

腹横肌*

呼吸

全程保持均匀
呼吸。

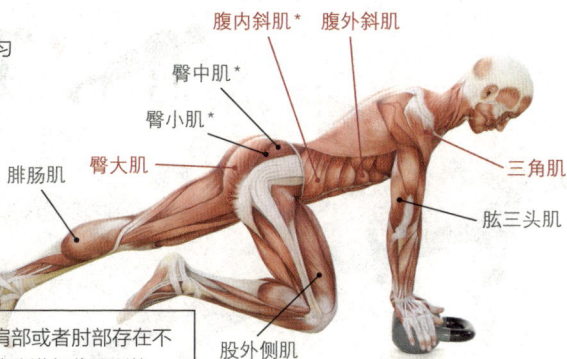

腹内斜肌*　腹外斜肌
臀中肌*
臀小肌*
腓肠肌　臀大肌
三角肌
肱三头肌
股外侧肌

(!) 若手腕、肩部或者肘部存在不
适，则不建议进行此项训练。

✓ · 核心收紧，躯
干稳定。
· 始终保持双膝
分离。

✗ · 背部拱起或
塌陷。

壶铃－俯撑登山步－交替

起始

将一个壶铃平放在身前，
把手朝前，双手按住壶
身，手臂伸直撑起身体，
双脚分开，使用前脚掌支
撑且身体保持平板姿势。

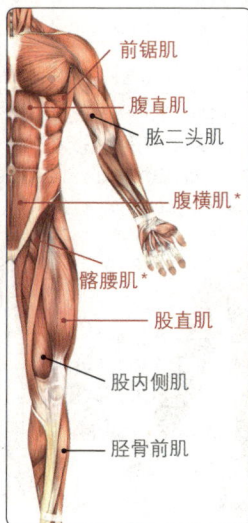

前锯肌
腹直肌
肱二头肌
腹横肌*
髂腰肌*
股直肌
股内侧肌
胫骨前肌

半腱肌
股二头肌
半膜肌
比目鱼肌

过程

一侧腿屈髋屈膝提起，使
膝盖向胸前靠近之后髋
关节和膝关节均伸展，恢
复起始姿势，接着另一侧
腿部重复上述动作。重复
规定的次数。

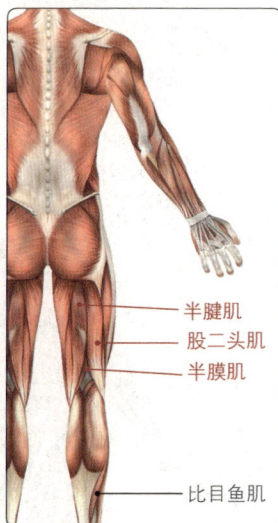

壶铃－俯撑后拉－交替

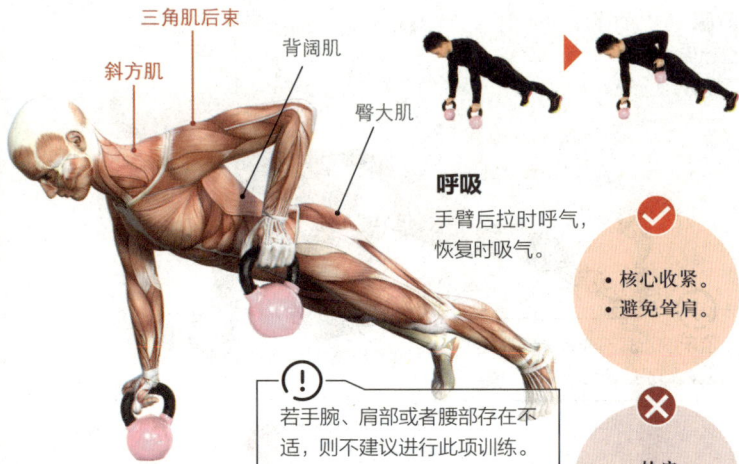

三角肌后束

斜方肌

背阔肌

臀大肌

呼吸
手臂后拉时呼气，
恢复时吸气。

✓
• 核心收紧。
• 避免耸肩。

✗
• 耸肩。
• 屏住呼吸。

! 若手腕、肩部或者腰部存在不
适，则不建议进行此项训练。

起始

双手各持一个壶铃并紧握把手支撑于地面，
双臂伸直，垂直于地面，双脚分开，使用前
脚掌支撑且身体保持平板姿势。

过程

核心收紧，保持身体姿势不变，上背部发力，
单臂向上屈曲至肘关节超过背部，同时保持
壶铃底部朝下，而后恢复至起始姿势，接着
另一侧手臂向上屈曲至肘关节超过背部，同
时保持壶铃底部朝下。重复规定的次数。

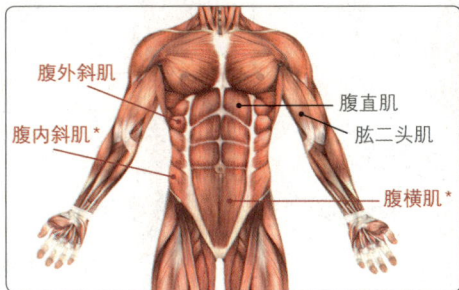

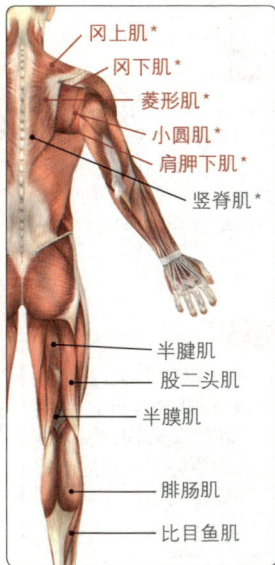

冈上肌*
冈下肌*
菱形肌*
小圆肌*
肩胛下肌*
竖脊肌*

半腱肌
股二头肌
半膜肌

腓肠肌
比目鱼肌

腹外斜肌
腹内斜肌*
腹直肌
肱二头肌
腹横肌*

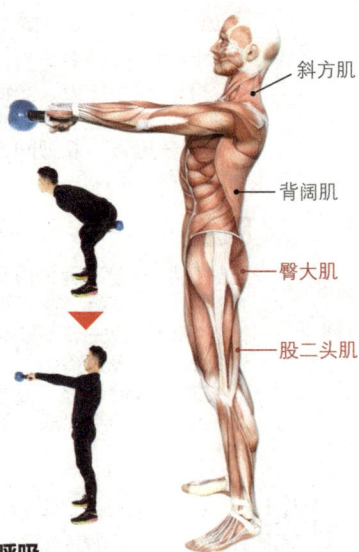

斜方肌

背阔肌

臀大肌

股二头肌

壶铃—甩摆

起始

双手持壶铃置于身前，两腿间距略宽于肩站立，核心收紧，腰背挺直。双腿快速屈膝屈髋下蹲，双手借助惯性，让壶铃顺势向下、后方摆动，此时屈髋俯身，腰背挺直。

过程

下肢肌群协同发力，快速伸髋发力，将力量从下肢传递至手臂，使身体充分伸展，用伸髋的力量带动壶铃，向前摆动。回到起始姿势，完成规定的次数。

(!) 若膝盖、手腕、肩部或者腰部存在不适，则不建议进行此项训练。

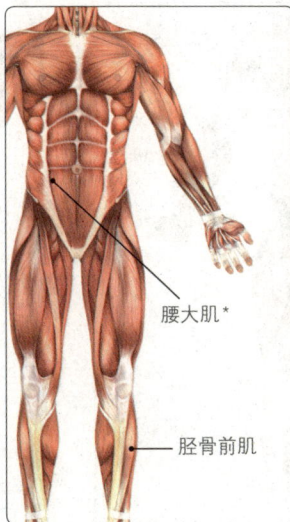

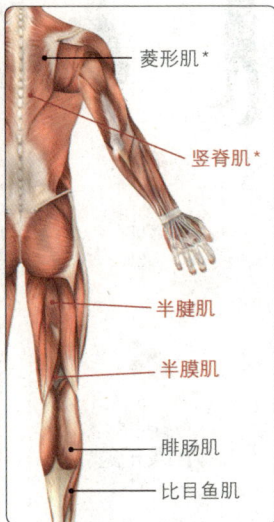

呼吸

将壶铃向前甩摆时呼气，壶铃落下时吸气。

✓ • 重点体会臀部发力，将力量从下肢传递至手臂，带动壶铃摆动。

✗ • 核心未收紧，背部弯曲。

腰大肌*

胫骨前肌

菱形肌*

竖脊肌*

半腱肌

半膜肌

腓肠肌

比目鱼肌

呼吸

站起时呼气，
下蹲时吸气。

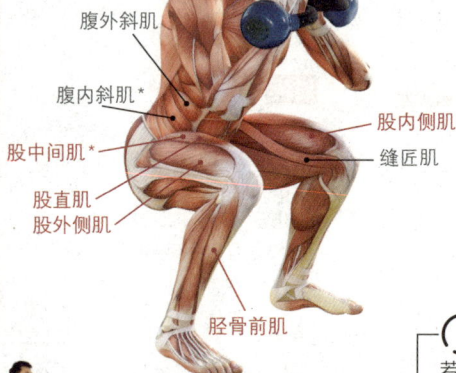

壶铃-架式前蹲

腹外斜肌

腹内斜肌*

股中间肌*

股直肌
股外侧肌

股内侧肌

缝匠肌

胫骨前肌

起始

双臂屈曲，双手各持壶铃
至胸前，双手靠近，壶铃
分别放在前臂上。核心收
紧，腰背挺直，双脚间距
略宽于肩站立。

过程

屈髋屈膝缓慢下蹲，蹲至
大腿与地面平行，躯干平
行于胫骨，膝关节不能超
过脚尖。克服壶铃阻力，
下肢发力蹬地站起，至身
体完全伸展，完成规定的
次数。

(!)
若膝盖、手腕、肩部或者腰部存
在不适，则不建议进行此项训练。

腹直肌

肱二头肌

腹横肌*

菱形肌*

竖脊肌*

半腱肌

半膜肌

腓肠肌

比目鱼肌

(✓) • 背部挺直，
核心收紧。

(✗) • 下蹲时，膝盖
内扣或外展。

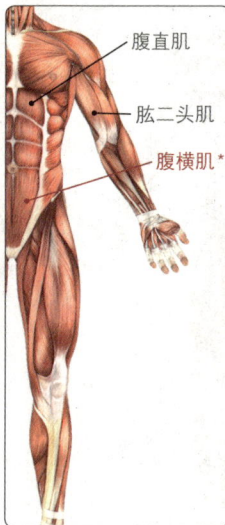

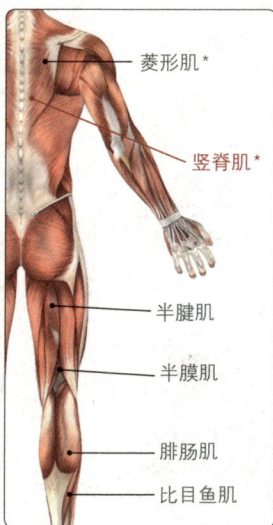

呼吸

伸髋时呼气，
下放时吸气。

若膝盖、手腕、肩部或
者腰部存在不适，则
不建议进行此项训练。

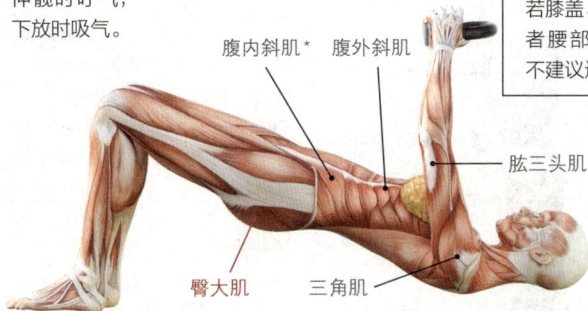

腹内斜肌* 腹外斜肌

肱三头肌

臀大肌 三角肌

起始

仰卧于垫上，双腿并拢，膝关节屈曲
90 度，双手紧握壶铃的壶身，手臂
屈曲，将壶铃置于胸前。

✓
• 双脚踩实垫面，
保持稳定后再抬
起臀部。

✕
• 屏住呼吸。
• 手臂伸得过直。

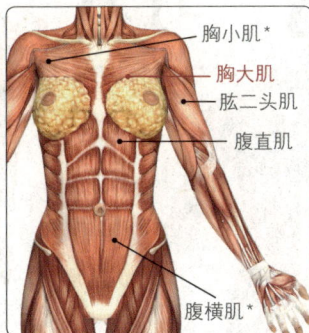

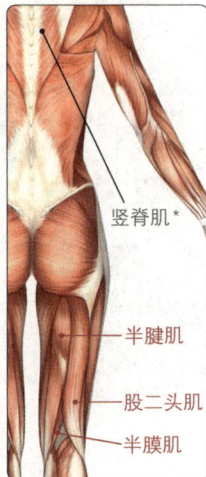

过程

臀肌发力，向上顶髋，使躯干与大腿
呈一条直线，之后，双臂向上推举壶
铃至手臂与地面垂直。回到起始姿势，
重复规定次数。

胸小肌*

胸大肌

肱二头肌

腹直肌

竖脊肌*

半腱肌

股二头肌

半膜肌

腹横肌*

壶铃－翻转上推

呼吸

下蹲准备时吸一口气，微微憋气。蹬伸、提拉、上举动作完成后，转为正常呼吸。

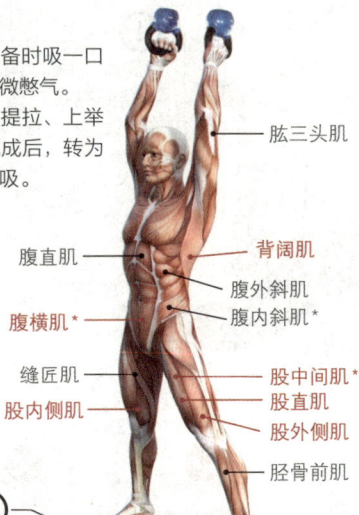

肱三头肌

腹直肌
背阔肌
腹外斜肌
腹横肌*
腹内斜肌*
缝匠肌
股中间肌*
股内侧肌
股直肌
股外侧肌
胫骨前肌

(!) 若膝盖、手腕、肩部或者腰部存在不适，则不建议进行此项训练。

起始

练习者双脚分开，双脚距离略比肩宽，脚尖与膝盖方向一致，双手紧握壶铃把手，缓慢屈髋屈膝下蹲至大腿与地面接近平行，同时躯干向前倾斜，保持壶铃底部接触地面。

过程

下肢充分蹬地并伸髋伸膝，蹲起，同时双肘向后拉，使壶铃向上翻转至头部前侧面，此时壶铃底部朝上，继续向上推举壶铃超过头顶至手臂完全伸展。恢复起始姿势，重复进行规定的次数。

• 在上举的动作过程中，核心收紧，腰背挺直，双肩稳定。

• 壶铃路径偏离，导致肩部受力不均。
• 手腕弯曲。

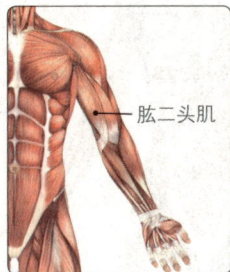

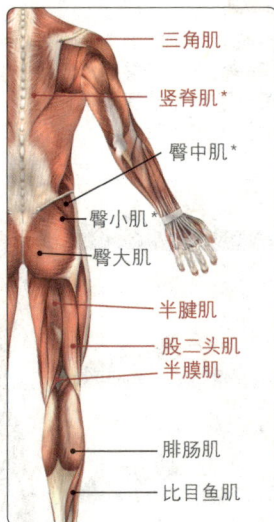

肱二头肌

三角肌
竖脊肌*
臀中肌*
臀小肌*
臀大肌
半腱肌
股二头肌
半膜肌
腓肠肌
比目鱼肌

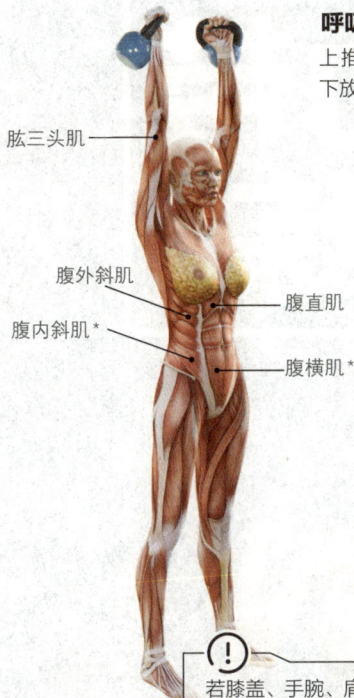

呼吸

上推时呼气，
下放时吸气。

肱三头肌

腹外斜肌

腹内斜肌*

腹直肌

腹横肌*

（！）若膝盖、手腕、肩部或者腰部存在不适，则不建议进行此项训练。

✓ ·保持核心收紧。
·脊柱处于中立位。
·手臂不要伸得过直。

✗ ·壶铃路径偏离，导致肩部受力不均。
·手腕弯曲。

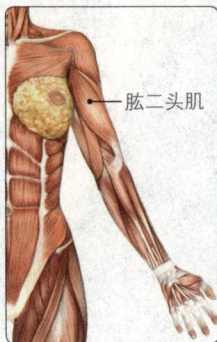

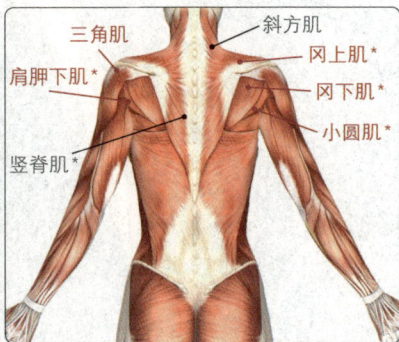

壶铃—站姿肩上上推

起始

身体直立，双脚分开，与肩同宽，双手各持一个壶铃并紧握把手，手臂向上屈曲，将壶铃举至肩侧。

过程

保持挺胸抬头，双臂将壶铃向上推举，超过头顶至手臂完全伸展。恢复起始姿势，重复规定的次数。

肱二头肌

三角肌
肩胛下肌*
竖脊肌*
斜方肌
冈上肌*
冈下肌*
小圆肌*

41

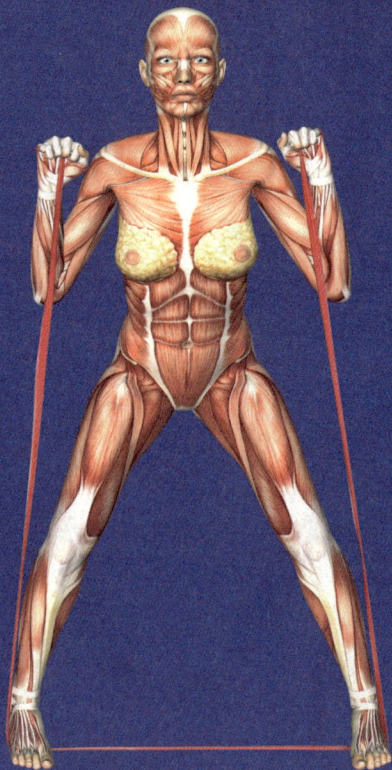

第4章
弹力带训练

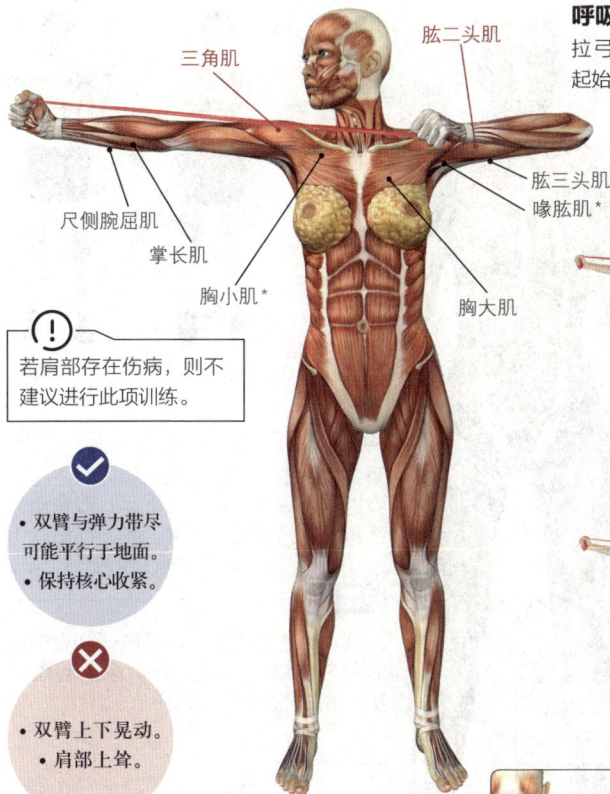

三角肌

肱二头肌

呼吸
拉弓时呼气，回到
起始姿势时吸气。

尺侧腕屈肌

掌长肌

胸小肌*

肱三头肌

喙肱肌*

胸大肌

弹力带—站姿拉弓

(!) 若肩部存在伤病，则不
建议进行此项训练。

✓
• 双臂与弹力带尽
可能平行于地面。
• 保持核心收紧。

✗
• 双臂上下晃动。
• 肩部上耸。

斜方肌

冈上肌*

三角肌

小圆肌*

大圆肌*

冈下肌*

菱形肌*

起始

身体呈站姿，双脚距离与肩同宽。双
手分别握紧弹力带两端，一侧手臂呈
侧平举姿势，另一侧手臂向对侧弯曲，
呈拉弓姿势，保持弹力带绷直。

过程

保持身体姿势不变，弯曲的手臂水平向
同侧伸展，至手部位于同侧肩部正前
方。完成规定的次数，对侧亦然。

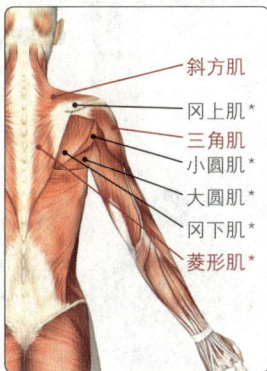

弹力带-站姿反向弯举

呼吸
弯举时呼气，恢复时吸气。

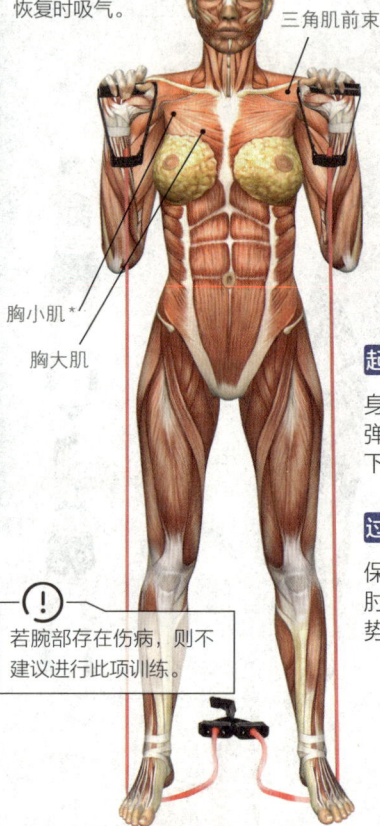

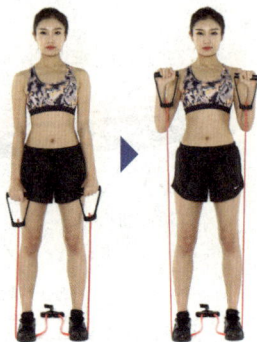

三角肌前束

胸小肌*

胸大肌

若腕部存在伤病，则不建议进行此项训练。

起始
身体呈站姿，双脚间距与肩同宽，踩住弹力带。双手分别正握把手，双臂自然下垂，保持弹力带绷直，掌心向后。

过程
保持身体姿势不变。向上拉伸弹力带至肘关节屈曲到最大限度。恢复起始姿势，完成规定的次数。

三角肌前束
肱二头肌
尺侧腕屈肌
桡侧腕屈肌

✓
• 缓慢伸展手臂。
• 上臂保持不动。
• 核心收紧。

✗
• 拉伸速度过快。

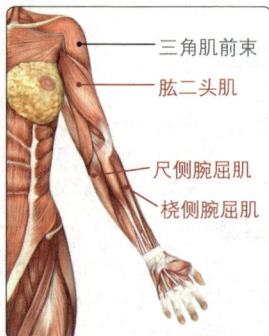

三角肌前束

尺侧腕屈肌

掌长肌

肱三头肌

喙肱肌 *

胸小肌 *

胸大肌

弹力带 — 站姿水平臂屈伸 — 交替

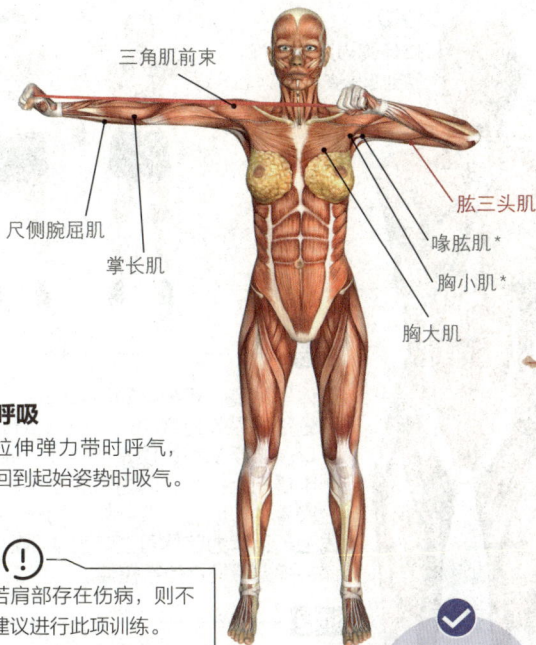

呼吸

拉伸弹力带时呼气，回到起始姿势时吸气。

若肩部存在伤病，则不建议进行此项训练。

- 手臂尽可能平行于地面，保持稳定。
- 核心收紧。

- 手肘上下移动。
- 身体晃动。

起始

身体呈站姿，双脚距离与肩同宽。双手分别握紧弹力带两端，同时双臂抬起与肩同高并向内弯曲，使手部位于肩部正前方。保持弹力带绷直。

过程

保持身体姿势不变，一侧手臂水平向外拉伸。继续拉伸弹力带至手臂完全伸展，同时保持手臂和弹力带尽可能与地面平行。恢复起始姿势，换对侧重复。两侧交替进行，完成规定的次数。

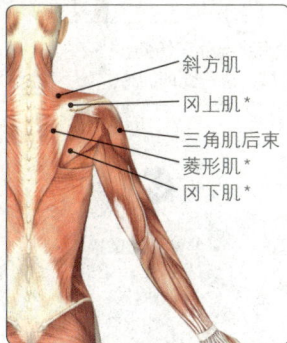

斜方肌

冈上肌 *

三角肌后束

菱形肌 *

冈下肌 *

45

弹力带－站姿长号胸前推－单臂

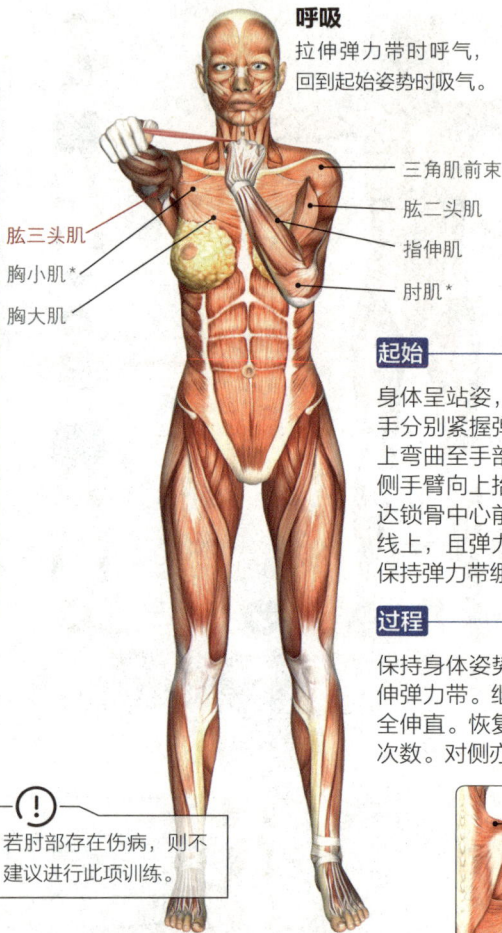

呼吸

拉伸弹力带时呼气，回到起始姿势时吸气。

三角肌前束

肱二头肌

指伸肌

肘肌*

肱三头肌

胸小肌*

胸大肌

起始

身体呈站姿，双脚间距与肩同宽。双手分别紧握弹力带两端，一侧手臂向上弯曲至手部到达锁骨中心处，另一侧手臂向上抬起并向内弯曲至手部到达锁骨中心前方，双手处于同一水平线上，且弹力带尽可能与身体垂直，保持弹力带绷直但不拉伸。

过程

保持身体姿势不变，前侧手臂向前拉伸弹力带。继续拉伸弹力带至手臂完全伸直。恢复起始姿势，完成规定的次数。对侧亦然。

斜方肌

三角肌后束

肱三头肌

肱桡肌

肘肌*

指伸肌

若肘部存在伤病，则不建议进行此项训练。

- 上臂位置保持不变。
- 核心收紧。

- 动作速度过快。

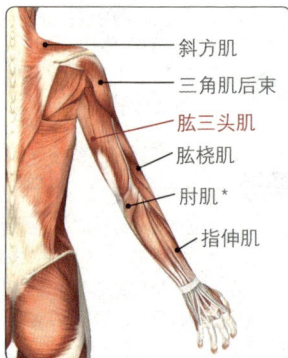

46

肱三头肌

三角肌

呼吸
身体下降时吸气，
上升时呼气。

胸小肌*

胸大肌

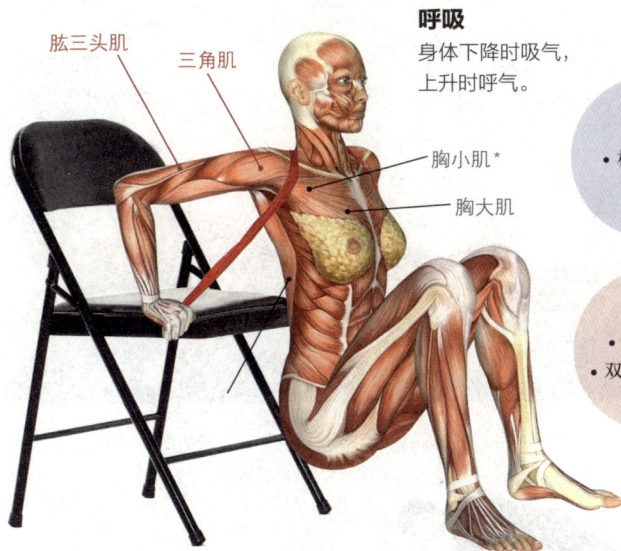

• 核心收紧。

• 双肩上耸。
• 双脚移动位置。

若肩部或腕部存在伤病，
则不建议进行此项训练。

起始

身体位于训练椅前方，呈坐姿，双腿屈膝
约 90 度，大腿尽可能与地面平行。双臂
伸直，双手撑于身后训练椅上，同时双手
握紧弹力带两端，使弹力带经身体后侧绕
过颈部后侧，保持弹力带绷直。

过程

双臂屈肘约 90 度，同时身体下降至大腿
与地面的夹角大约为 45 度。恢复起始姿
势，完成规定的次数。

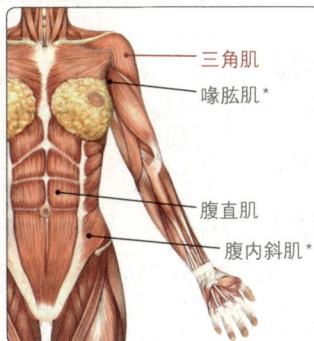

三角肌

喙肱肌*

腹直肌

腹内斜肌*

弹力带－俯卧撑

！ 若肩部或下背部存在不适，则不建议进行此项训练。

呼吸
身体下降时吸气，上升时呼气。

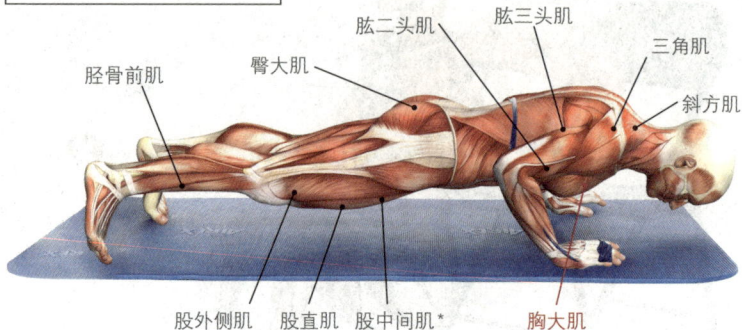

肱二头肌

肱三头肌

三角肌

斜方肌

臀大肌

胫骨前肌

胸大肌

股外侧肌　　股直肌　　股中间肌*

✓
• 身体保持一条直线。
• 核心收紧。

✗
• 耸肩。
• 膝关节弯曲。

起始

身体呈俯卧撑姿势，保持一条直线，使弹力带绕过背部，双手紧压弹力带两端，撑于垫面。

过程

保持身体姿势不变，双臂屈肘使胸部靠近地面。双臂撑起，恢复起始姿势，完成规定的次数。

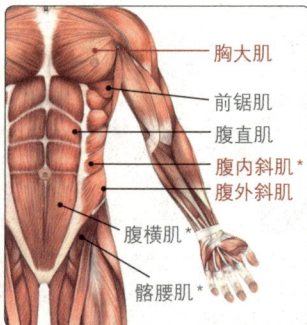

胸大肌

前锯肌

腹直肌

腹内斜肌*
腹外斜肌

腹横肌*

髂腰肌*

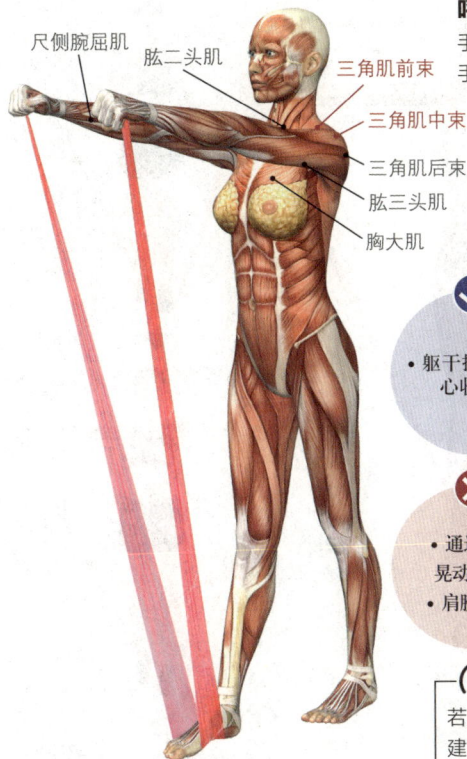

尺侧腕屈肌
肱二头肌
三角肌前束
三角肌中束
三角肌后束
肱三头肌
胸大肌

呼吸
手臂下降时吸气，
手臂上抬时呼气。

- 躯干挺直，核心收紧。

- 通过身体晃动借力。
- 肩膀上耸。

若肩部存在伤病，则不建议进行此项训练。

肩胛提肌*
斜方肌
冈上肌*
三角肌后束
小圆肌*
大圆肌*
冈下肌*
菱形肌*

起始

身体呈站姿，双脚前后站立，前脚踩住弹力带中间，双手分别紧握弹力带两端，双臂伸直，上抬至与地面的夹角大约为 45 度，保持弹力带绷直。

过程

保持双臂伸直并继续向上抬起至与地面平行，恢复起始姿势，完成规定的次数。

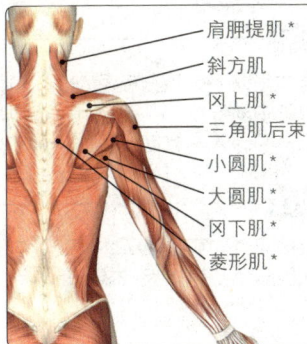

弹力带－站姿侧平举

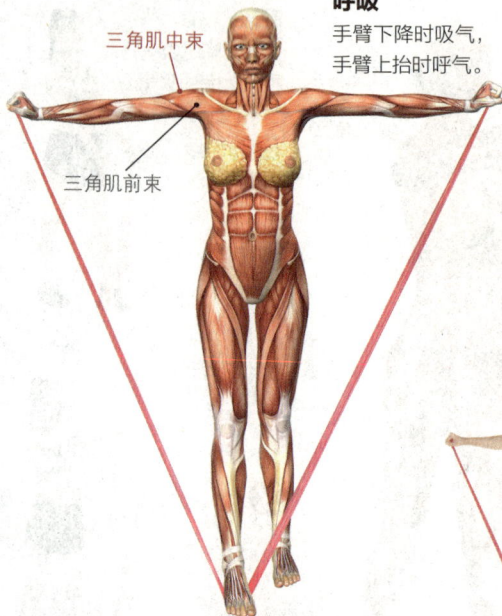

三角肌中束

三角肌前束

呼吸
手臂下降时吸气，
手臂上抬时呼气。

✓
• 核心收紧。
• 身体挺直，
目视前方。

✗
• 双脚移动位置。
• 双臂侧平举高度
超过肩部的高度。
• 肩部上耸。

(!) 若肩部存在伤病，则不建议
进行此项训练。

起始

身体呈站姿，双脚前后分开，前脚踩住弹
力带中间位置，双手分别握紧弹力带两端。
双臂向身体两侧展开，保持弹力带绷直。

过程

保持双臂伸直，侧平举至双臂与地面平行，
恢复起始姿势，完成规定的次数。

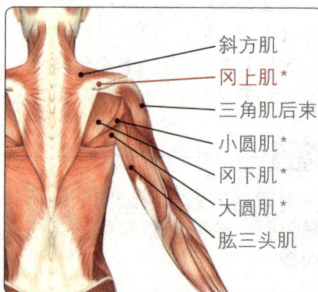

斜方肌
冈上肌*
三角肌后束
小圆肌*
冈下肌*
大圆肌*
肱三头肌

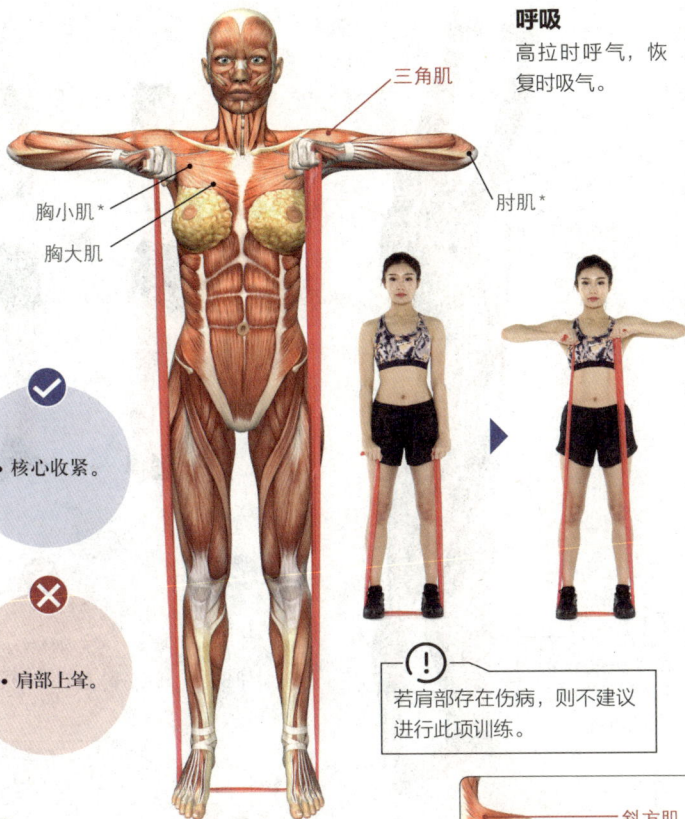

呼吸

高拉时呼气，恢复时吸气。

三角肌

胸小肌*

胸大肌

肘肌*

弹力带—站姿高拉

✓

• 核心收紧。

✗

• 肩部上耸。

⚠ 若肩部存在伤病，则不建议进行此项训练。

斜方肌

三角肌

肱三头肌

肱桡肌

指伸肌

肘肌*

起始

身体呈站姿，双脚间距与肩同宽，同时踩住弹力带中间位置。双手分别握紧弹力带两端，双臂自然下垂，保持弹力带绷直。

过程

保持身体姿势不变，双臂屈肘，向上提拉弹力带至肘关节弯曲到最大限度，掌心向下，肘关节向外，前臂与上臂尽可能平行于地面。恢复起始姿势，完成规定的次数。

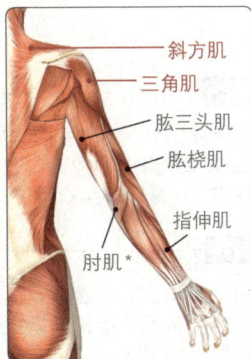

弹力带－站姿肩上推举

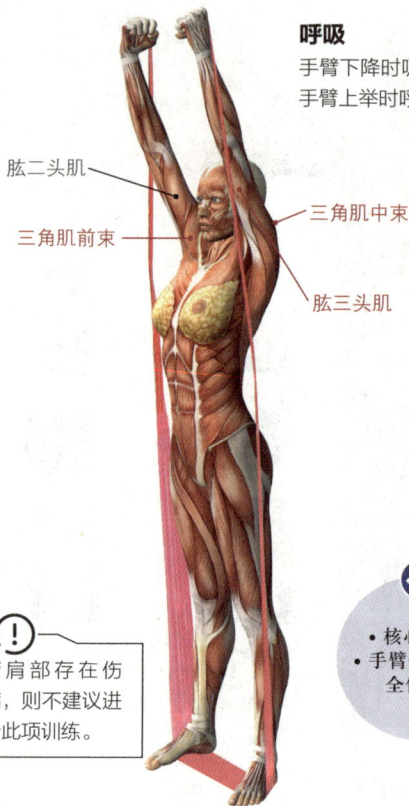

呼吸
手臂下降时吸气，
手臂上举时呼气。

肱二头肌

三角肌前束

三角肌中束

肱三头肌

若肩部存在伤病，则不建议进行此项训练。

✓
- 核心收紧。
- 手臂伸展至完全伸直。

✗
- 身体晃动。
- 肩部上耸。

起始

身体呈站姿，双脚间距与肩同宽，双脚踩住弹力带中间位置。双手握住弹力带两端，双臂弯举至双手位于肩部正前方。

过程

保持身体姿势不变，双臂向上拉伸弹力带至手臂完全伸直，恢复起始姿势。完成规定的次数。

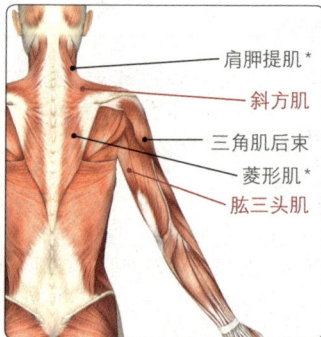

肩胛提肌*

斜方肌

三角肌后束

菱形肌*

肱三头肌

尺侧腕屈肌

肱二头肌

三角肌前束

胸小肌*

掌长肌

三角肌中束

喙肱肌*

胸大肌

呼吸
手臂下降时呼气，
手臂上抬时吸气。

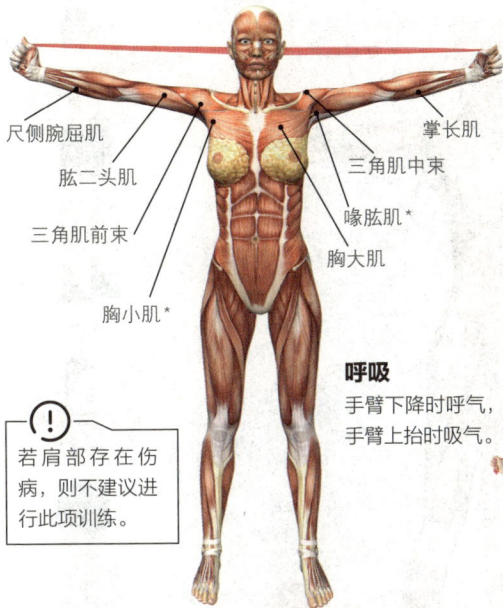

(!) 若肩部存在伤病，则不建议进行此项训练。

• 双臂始终保持伸直。
• 核心收紧。

• 肘关节弯曲。
• 肩部上耸。

起始

身体呈站姿，双脚间距与肩同宽。双手分别握住弹力带两端，双臂向斜上方伸展，保持弹力带绷直。

过程

保持身体挺直，双臂向外、向下发力，拉动弹力带至双臂尽可能与地面平行，将弹力带置于头部后侧，恢复起始姿势。完成规定的次数。

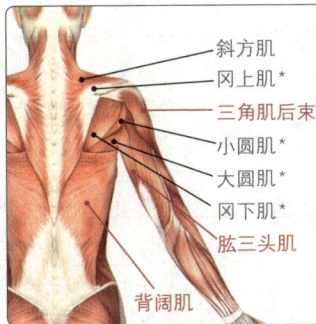

斜方肌

冈上肌*

三角肌后束

小圆肌*

大圆肌*

冈下肌*

肱三头肌

背阔肌

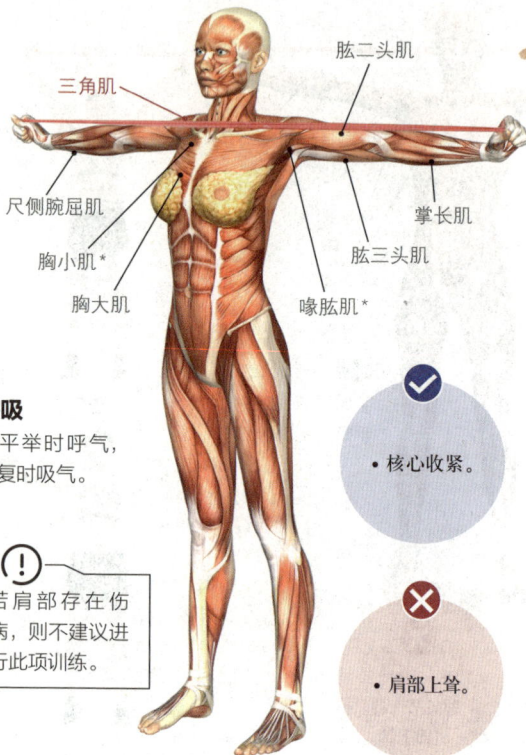

三角肌

肱二头肌

尺侧腕屈肌

胸小肌 *

胸大肌

掌长肌

肱三头肌

喙肱肌 *

弹力带—站姿反向飞鸟

呼吸

侧平举时呼气，
恢复时吸气。

若肩部存在伤病，则不建议进行此项训练。

• 核心收紧。

• 肩部上耸。

起始

身体呈站姿，双脚距离与肩同宽，双臂前平举，双手分别握紧弹力带两端，保持弹力带绷直。

过程

保持双臂伸直，并水平向两侧拉伸。始终保持双臂与地面平行，拉伸至呈侧平举姿势，恢复起始姿势。完成规定的次数。

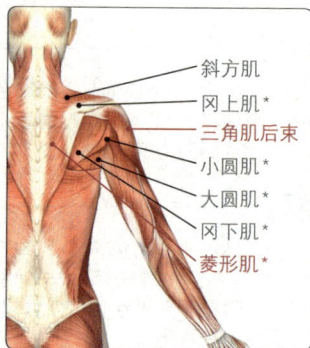

斜方肌

冈上肌 *

三角肌后束

小圆肌 *

大圆肌 *

冈下肌 *

菱形肌 *

- 核心收紧，躯干保持稳定。
- 背部挺直，目视前方。

- 双腿屈膝。
- 弯腰弓背。
- 肩部上耸。

呼吸

后拉时呼气，恢复时吸气。

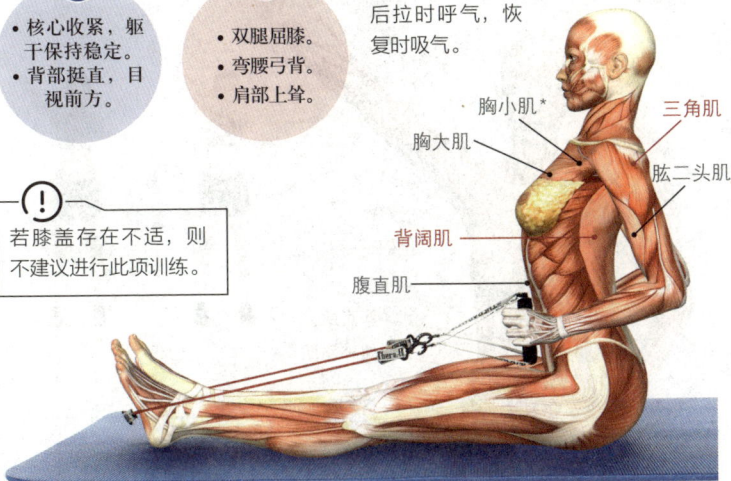

胸小肌*

三角肌

胸大肌

肱二头肌

背阔肌

腹直肌

! 若膝盖存在不适，则不建议进行此项训练。

弹力带-直腿后拉

起始

坐于垫上，躯干挺直，双腿伸直，双臂向前弯曲至前臂尽可能与地面平行，双手分别紧握弹力带两端，使弹力带从双脚底部绕过，并带有一定张力。

过程

保持身体姿势不变，双手后拉弹力带至双手位于腰部位置，恢复起始姿势。完成规定的次数。

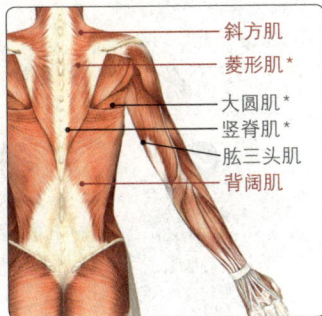

斜方肌

菱形肌*

大圆肌*

竖脊肌*

肱三头肌

背阔肌

55

弹力带-稳定下砍

呼吸

下砍时呼气，恢复时吸气。

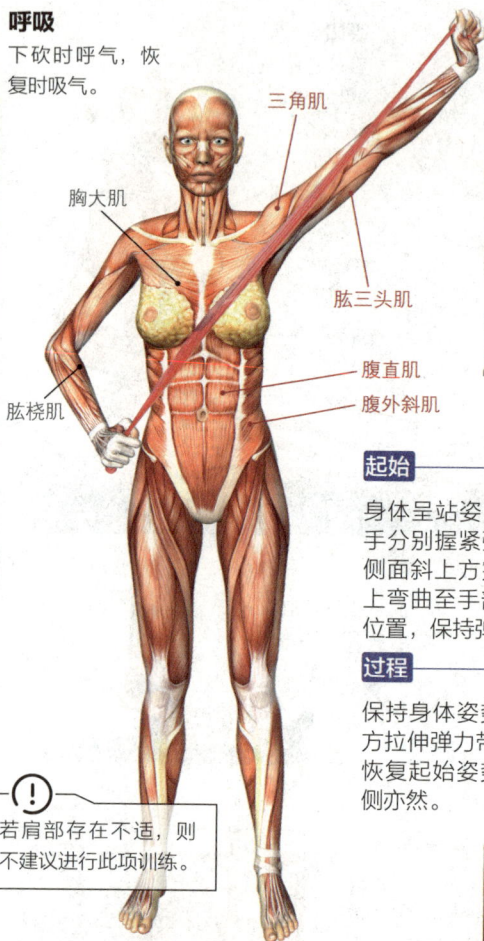

三角肌

胸大肌

肱三头肌

腹直肌

腹外斜肌

肱桡肌

起始

身体呈站姿，双脚开立与肩同宽。双手分别握紧弹力带两端，一侧手臂向侧面斜上方完全伸展，另一侧手臂向上弯曲至手部到达对侧与头部同高的位置，保持弹力带绷直。

过程

保持身体姿势不变，下方手臂向斜下方拉伸弹力带至手部位于髋关节位置。恢复起始姿势，完成规定的次数，对侧亦然。

(!) 若肩部存在不适，则不建议进行此项训练。

✔
• 上方手臂保持固定位置不变。
• 核心收紧。

✘
• 上方手臂晃动。
• 肩部上耸。

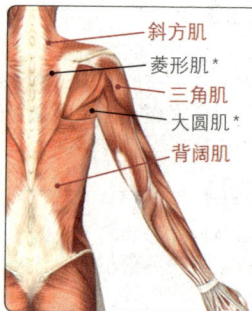

斜方肌
菱形肌*
三角肌
大圆肌*
背阔肌

肱三头肌

三角肌

胸大肌

腹内斜肌*

腹外斜肌

腹直肌

腹横肌*

呼吸
旋转时呼气，恢复时吸气。

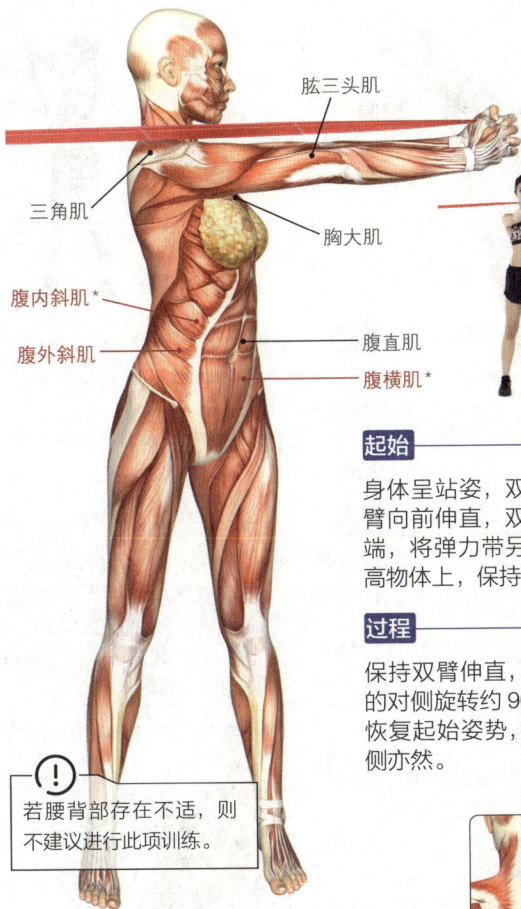

弹力带—直立转体

起始

身体呈站姿，双脚开立与肩同宽。双臂向前伸直，双手交叉握紧弹力带一端，将弹力带另一端固定在与颈部等高物体上，保持弹力带绷直。

过程

保持双臂伸直，躯干向固定弹力带端的对侧旋转约 90 度，手臂随之旋转。恢复起始姿势，完成规定的次数，对侧亦然。

⚫⚫⚫

(!) 若腰背部存在不适，则不建议进行此项训练。

✅
• 双臂伸直，躯干旋转。
• 核心收紧。

❌
• 双腿移动位置。
• 双臂上下晃动。

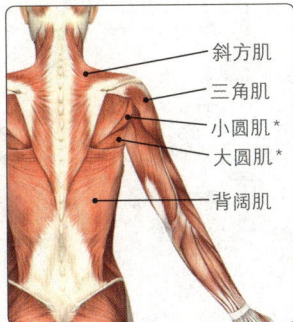

斜方肌

三角肌

小圆肌*

大圆肌*

背阔肌

弹力带－站姿旋转上提

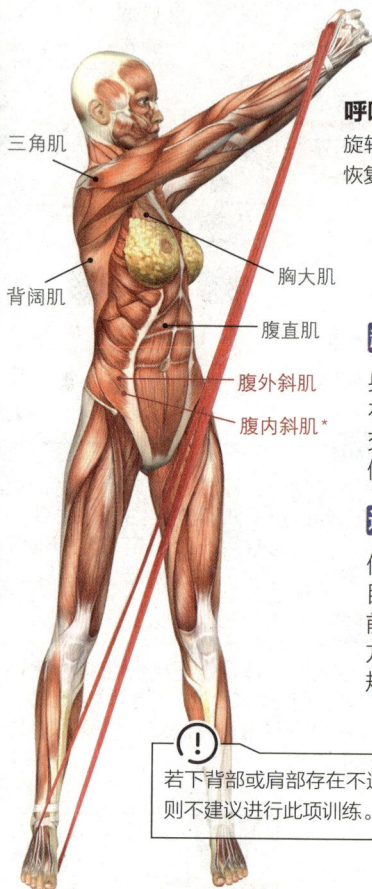

三角肌

背阔肌

胸大肌

腹直肌

腹外斜肌

腹内斜肌*

呼吸

旋转上提时呼气，恢复时吸气。

起始

身体呈站姿，双脚开立，与肩同宽。右脚踩住弹力带中间位置。同时双手交叉握紧弹力带两端，躯干向弹力带侧扭转，保持弹力带绷直。

过程

保持双臂伸展，上身扭转至直立姿势，目视前方，双臂随之拉伸弹力带至胸前。上身继续扭转，双臂随之向斜上方拉伸弹力带。恢复起始姿势，完成规定的次数或时间。对侧亦然。

(!) 若下背部或肩部存在不适，则不建议进行此项训练。

胸小肌*

前锯肌

腹直肌

- 双臂保持伸直。
- 直视手部。
- 核心收紧。

- 双臂上举过高。
- 肩部上耸。

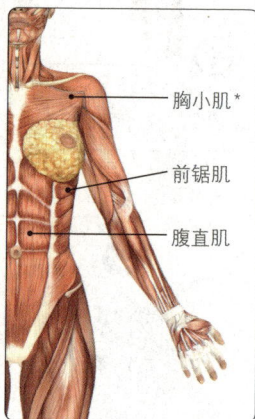

呼吸

抬腿时呼气，恢
复时吸气。

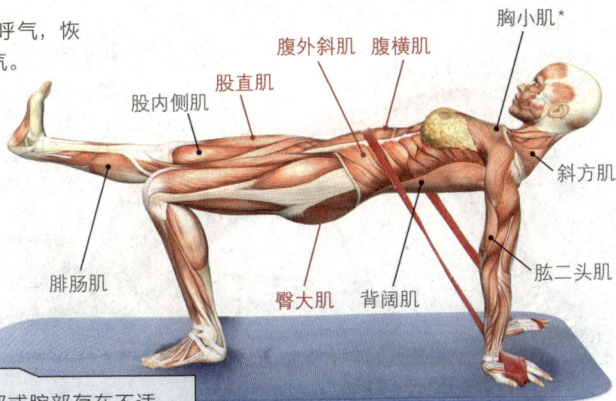

胸小肌*

腹外斜肌　腹横肌

股直肌

股内侧肌

斜方肌

腓肠肌

肱二头肌

臀大肌　背阔肌

(!) 若肩部或腕部存在不适，
则不建议进行此项训练。

弹力带-反向平板支撑交替抬腿

●●●

✓
• 躯干与大腿呈
一条直线。
• 核心收紧。

✗
• 双肩上耸。
• 双臂屈肘。

起始

身体呈仰卧姿。一侧腿弯曲，脚部支
撑于垫面；另一侧腿向前伸展，脚尖
向上。双臂伸直，双手撑垫，并压紧
弹力带两端，同时将弹力带经腹前绕
过。躯干与大腿尽可能呈一条直线。

过程

保持身体姿势不变，双腿交替支撑身
体，完成规定的次数或时间。

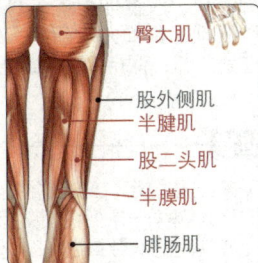

臀大肌

股外侧肌
半腱肌
股二头肌
半膜肌
腓肠肌

59

弹力带—臀桥

呼吸
髋部上顶时呼气，恢复时吸气。

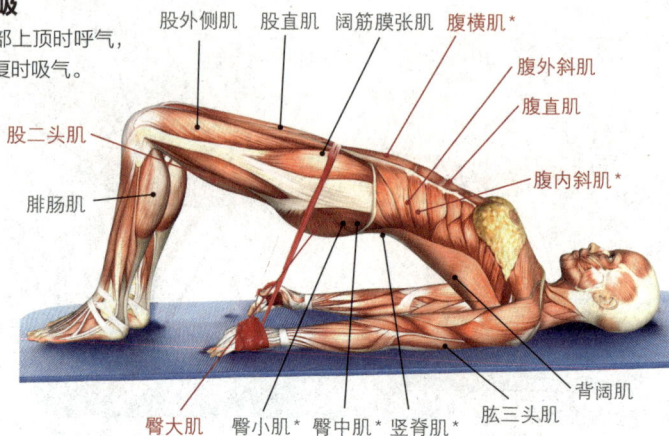

股外侧肌　股直肌　阔筋膜张肌　腹横肌*

腹外斜肌

腹直肌

股二头肌

腓肠肌

腹内斜肌*

臀大肌　臀小肌*　臀中肌*　竖脊肌*

肱三头肌

背阔肌

若腘绳肌或下背部存在不适，则不建议进行此项训练。

• 髋部上顶至躯干与大腿呈一条直线。
• 核心收紧。

• 背部拱起。

起始

身体呈仰卧姿，双腿屈膝约90度，双脚撑垫。双臂伸直置于身体两侧。双手分别握紧弹力带两端，使弹力带绕过髋关节，保持弹力带绷直。

过程

保持上身稳定，向上顶髋至躯干尽可能与大腿呈一条直线。恢复起始姿势，完成规定的次数或时间。

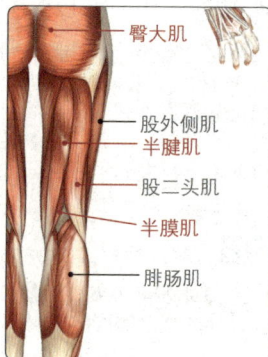

臀大肌

股外侧肌
半腱肌

股二头肌

半膜肌

腓肠肌

60

呼吸

全程均匀呼吸。

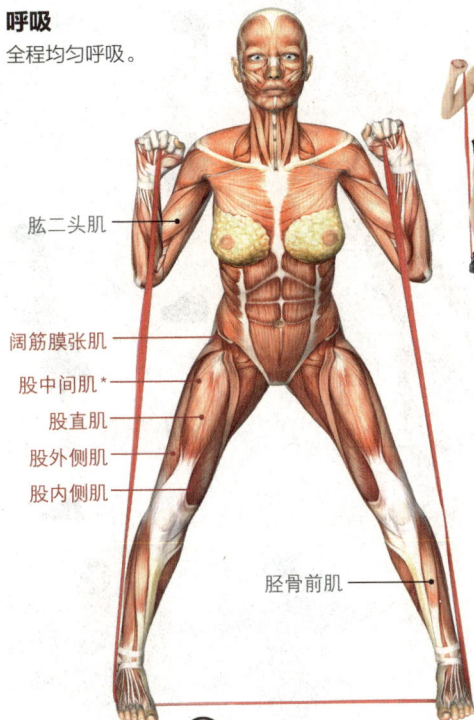

肱二头肌

阔筋膜张肌

股中间肌*

股直肌

股外侧肌

股内侧肌

胫骨前肌

• 核心收紧。
• 保持背部挺直。

• 弓背塌腰。

弹力带－半蹲姿侧向走

! 若髋关节疼痛，则不建议进
行此项训练。

臀中肌*

臀大肌

半腱肌

股二头肌

腓肠肌

起始

身体半蹲。双脚间距与肩同宽，同时踩住弹力带
中间位置。双手分别握紧弹力带两端，向上拉伸
弹力带至肩部，并保持弹力带绷直。

过程

保持双臂姿势不变，一侧腿向同侧迈步，另一侧
腿随之跟进，双脚间距保持与肩同宽。完成规定
的次数，对侧亦然。

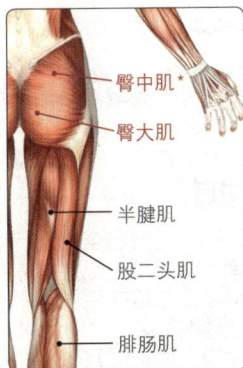

弹力带-站姿伸髋-单腿

呼吸

伸髋时呼气，恢复时吸气。

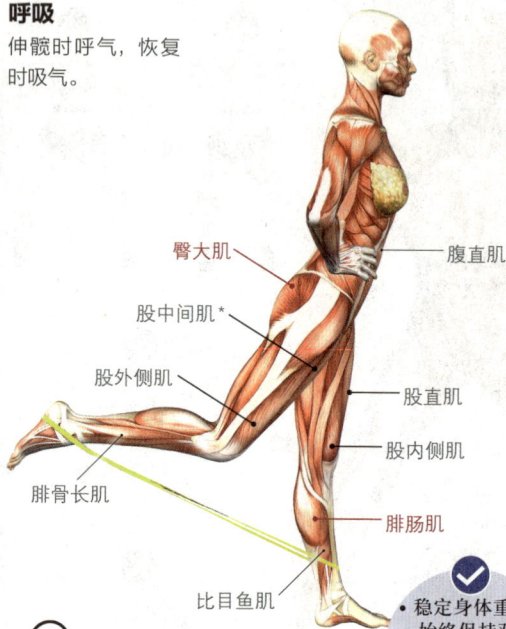

臀大肌
股中间肌*
股外侧肌
腓骨长肌
比目鱼肌

腹直肌
股直肌
股内侧肌
腓肠肌

稳定身体重心。
始终保持双膝分离。
迷你弹力带处于绷直状态。

躯干过分前倾。
背部出现弯曲。

! 若髋关节疼痛，则不建议进行此项训练。

起始

身体呈站姿，挺胸收腹，双手扶腰。将迷你弹力带一端绕过左侧脚踝，另一端踩于右侧脚底。

过程

右腿向后弯曲至小腿尽可能与地面平行，使弹力带绷直。保持身体姿势不变，躯干略向前倾，右腿向后侧水平拉伸弹力带，至大腿与地面的夹角大约为45度。缓慢地恢复起始姿势，完成规定的次数。对侧亦然。

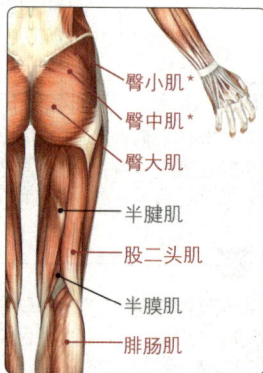

臀小肌*
臀中肌*
臀大肌
半腱肌
股二头肌
半膜肌
腓肠肌

弹力带 - 站姿髋内收 - 单腿

呼吸

腿内收时呼气，
恢复时吸气。

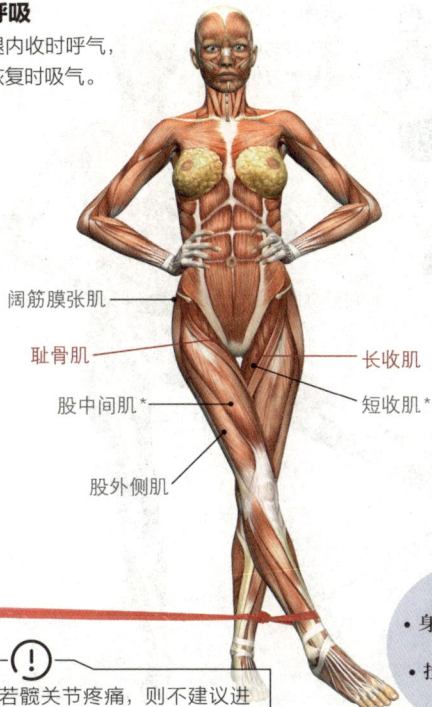

阔筋膜张肌

耻骨肌

股中间肌*

股外侧肌

长收肌

短收肌*

(!) 若髋关节疼痛，则不建议进
行此项训练。

✓
• 身体挺直，核
心收紧。
• 拉伸腿伸直。

✗
• 身体重心不稳。
• 膝关节弯曲。

起始

身体呈站姿，双手扶腰。一侧腿站立以支
撑身体，另一侧腿伸直外展，同时脚尖点
地。将弹力带一端固定在拉伸腿的脚踝位
置，另一端固定在体侧同等高度的物体上，
保持弹力带绷直。

过程

保持身体稳定，拉伸腿向内拉伸弹力带至
对侧。恢复起始姿势，完成规定的次数。
对侧亦然。

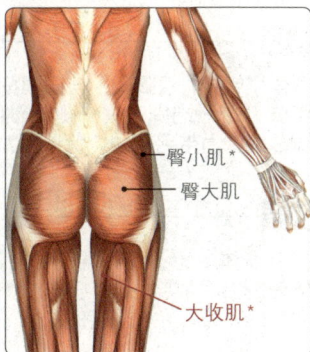

臀小肌*
臀大肌

大收肌*

63

呼吸
腿外展时呼气，
恢复时吸气。

(!) 若髋关节疼痛，则不建议进行此项训练。

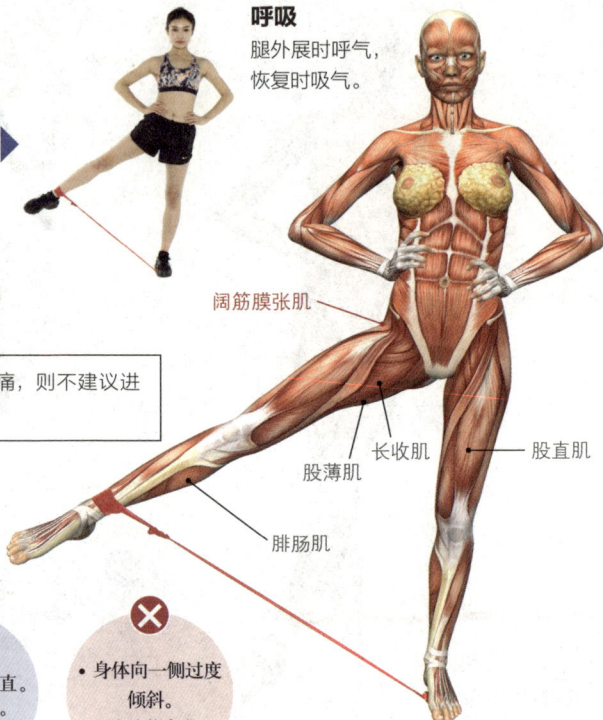

阔筋膜张肌

长收肌

股直肌

股薄肌

腓肠肌

✓
• 躯干保持挺直。
• 核心收紧。

✗
• 身体向一侧过度倾斜。
• 膝关节弯曲。

臀中肌 *

臀大肌

股外侧肌

半腱肌

股二头肌

半膜肌

腓肠肌

起始

身体呈站姿，双脚间距与肩同宽，双手扶腰。将弹力带一端固定在一侧脚踝附近，另一侧脚踩住弹力带另一端，保持弹力带绷直。

过程

保持身体姿势不变，缠绕弹力带的腿部向身体外侧抬起至与地面的夹角大约为 45 度。恢复起始姿势，完成规定的次数。对侧亦然。

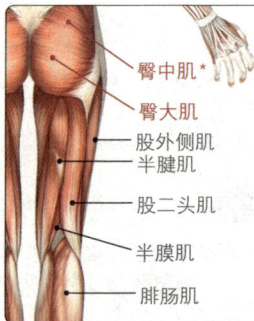

呼吸

腿弯曲时呼气，恢复时吸气。

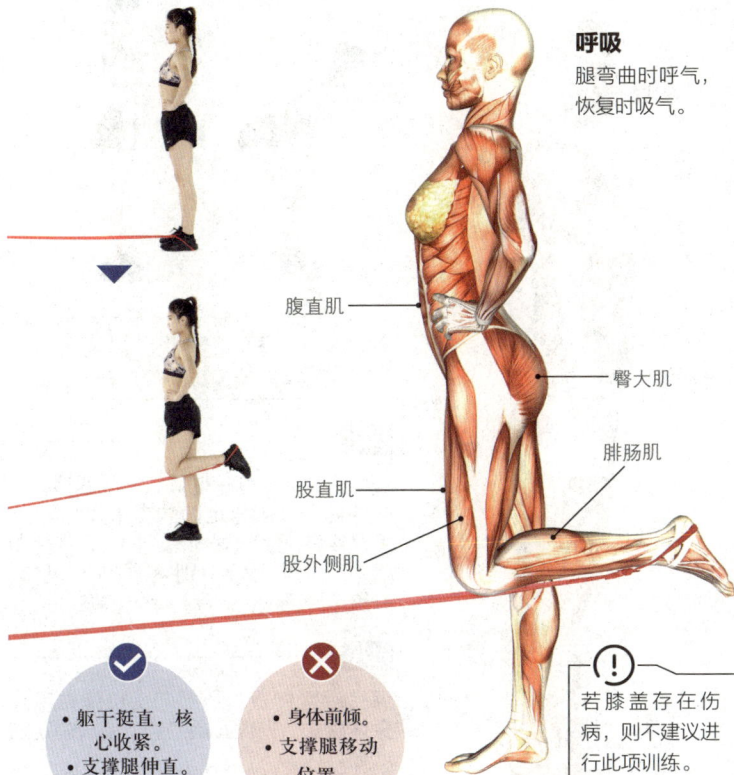

腹直肌

臀大肌

腓肠肌

股直肌

股外侧肌

弹力带－站姿腘绳肌收缩－单腿

- 躯干挺直，核心收紧。
- 支撑腿伸直。

- 身体前倾。
- 支撑腿移动位置。

若膝盖存在伤病，则不建议进行此项训练。

股外侧肌
半腱肌
股二头肌
半膜肌
腓肠肌

起始

身体呈站姿，双手扶腰。将弹力带的一端固定在一侧脚上，另一端固定在前方同等高度的物体上，保持弹力带绷直。

过程

保持身体稳定，固定弹力带侧的腿部向后弯曲以拉伸弹力带，至膝关节屈曲约 90 度。恢复起始姿势，完成规定的次数。对侧亦然。

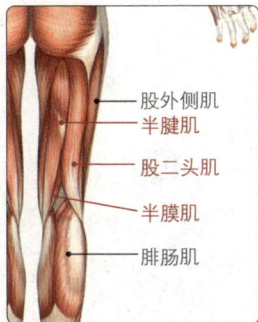

弹力带-罗马尼亚硬拉

呼吸

身体下降时吸气，站起时呼气。

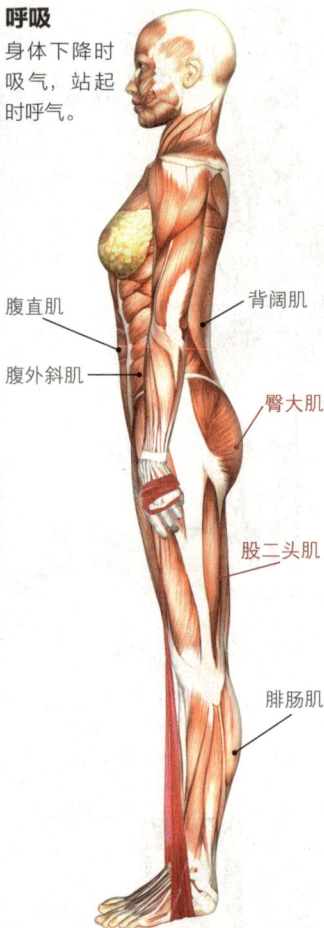

腹直肌

背阔肌

腹外斜肌

臀大肌

股二头肌

腓肠肌

（!）若膝盖存在伤病，则不建议进行此项训练。

起始

身体呈站姿，躯干前倾，臀部后移，双腿屈膝至大腿与地面的夹角大约为 45 度。双脚间距与肩同宽，同时踩住弹力带中间位置，双手分别握紧弹力带两端，并置于膝盖两侧，保持弹力带绷直。

过程

保持手臂伸直，臀部向上拉弹力带至身体直立。恢复起始姿势，完成规定的次数。

臀大肌

股外侧肌

半腱肌

股二头肌

半膜肌

腓肠肌

✔ • 核心收紧。
• 背部保持挺直。

✘ • 弯腰驼背。
• 双臂屈肘。

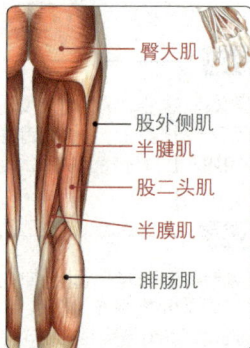

呼吸
身体下蹲时吸气，上升时呼气。

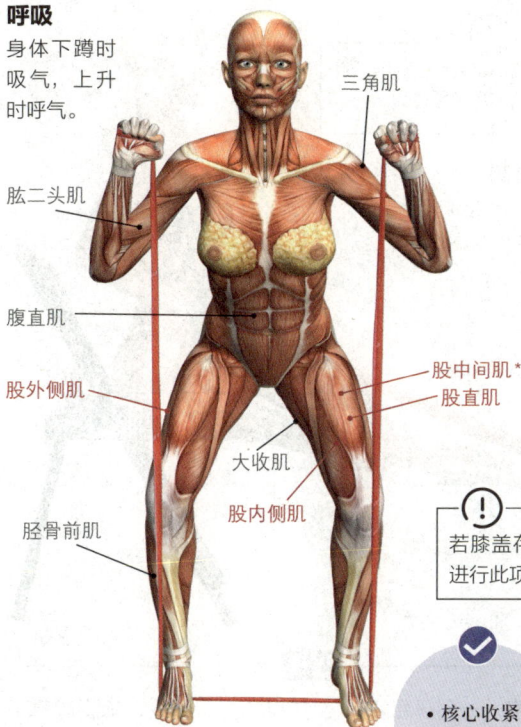

三角肌

肱二头肌

腹直肌

股外侧肌

大收肌

股内侧肌

胫骨前肌

股中间肌*
股直肌

弹力带-深蹲

> **!** 若膝盖存在伤病，则不建议进行此项训练。

✓
• 核心收紧。
• 背部保持挺直。

✗
• 弯腰弓背。
• 双腿出现抖动。
• 膝盖外扩。

起始
身体呈站姿，双脚开立与肩同宽，同时踩住弹力带中间位置。双手分别握紧弹力带两端，双臂向上弯举至双手位于肩部斜上方，保持弹力带绷直。

过程
身体下蹲至大腿尽可能与地面平行。恢复起始姿势，完成规定的次数。

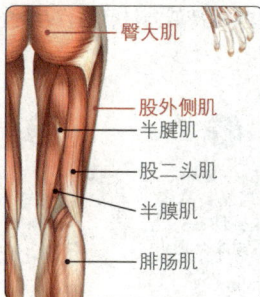

臀大肌

股外侧肌
半腱肌

股二头肌

半膜肌

腓肠肌

67

弹力带－坐姿踝跖屈－单腿

!　若踝部存在伤病，则不建议进行此训练。

呼吸
全程均匀呼吸。

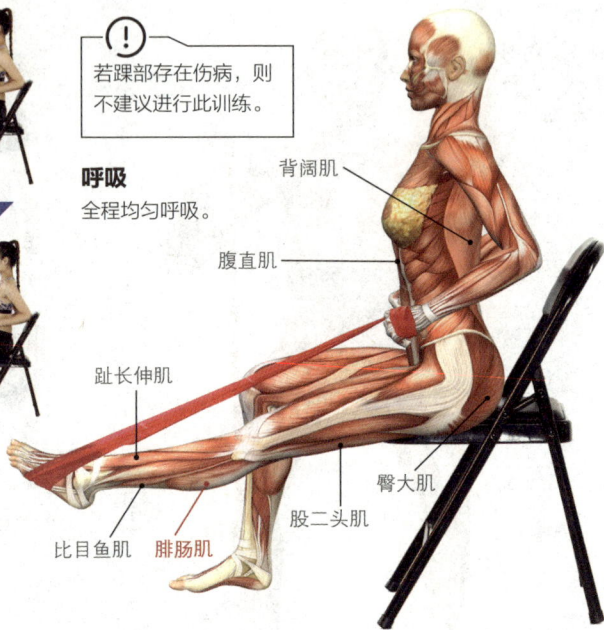

背阔肌

腹直肌

趾长伸肌

臀大肌

比目鱼肌　**腓肠肌**

股二头肌

起始

坐于训练椅上，躯干挺直。一侧腿屈膝约90度，脚撑于地面，另一侧腿伸直向上抬起，与地面的夹角大约为45度，脚尖向上，双手握紧弹力带两端，并将弹力带中部绕过前脚脚掌。双臂屈肘后拉，保持弹力带绷直，双手位于腰部前侧。

过程

保持身体姿势不变，前脚脚掌下压，拉伸弹力带至脚踝伸展到最大限度。恢复起始姿势，完成规定的次数。对侧亦然。

✓
• 核心收紧。
• 跖屈侧膝关节保持伸直。
• 腰背部挺直。

✗
• 膝关节弯曲。
• 背部拱起。

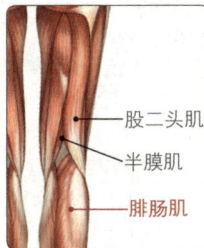

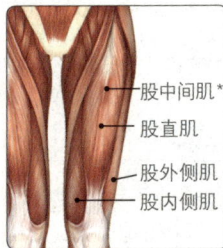

股二头肌
半膜肌
腓肠肌

股中间肌*
股直肌
股外侧肌
股内侧肌

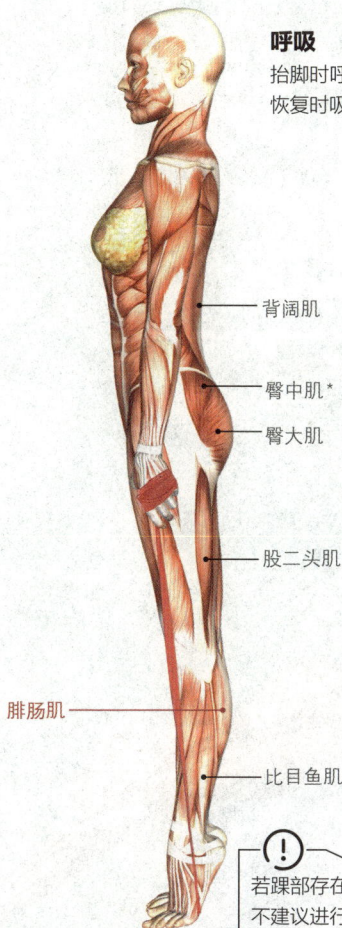

呼吸
抬脚时呼气，
恢复时吸气。

背阔肌

臀中肌*

臀大肌

股二头肌

腓肠肌

比目鱼肌

起始

身体呈站姿，双脚并拢，双脚前脚掌踩住弹力带中间位置。双手分别握住弹力带两端，双臂自然下垂，保持弹力带绷直。

过程

保持身体姿势不变，脚跟向上抬起至最大限度。恢复起始姿势，完成规定的次数。

(!) 若踝部存在伤病，则不建议进行此训练。

✓
• 躯干保持挺直。
• 核心收紧。
• 双臂保持伸直。

✗
• 身体重心不稳。
• 弯腰弓背。

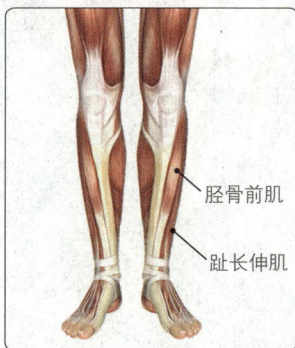

胫骨前肌

趾长伸肌

69

第5章

瑞士球训练

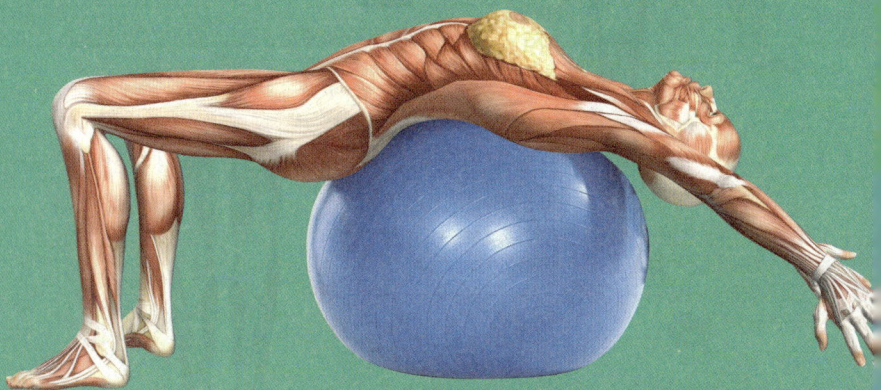

呼吸
全程均匀呼吸。

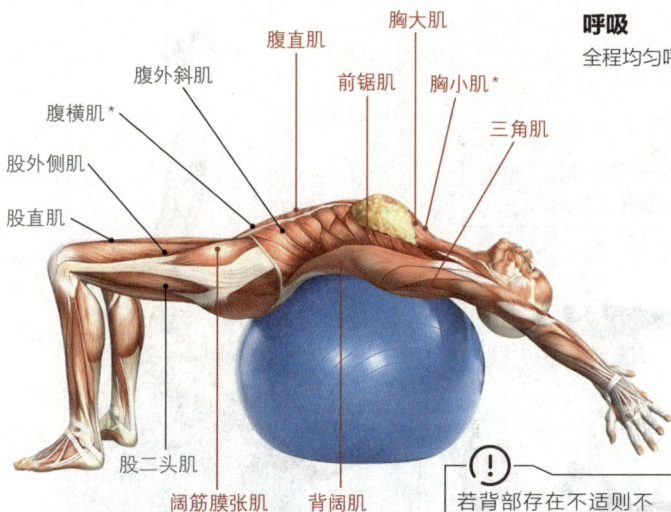

腹直肌
胸大肌
腹外斜肌
前锯肌
胸小肌*
腹横肌*
三角肌
股外侧肌
股直肌
股二头肌
阔筋膜张肌
背阔肌

瑞士球－仰卧脊柱伸展

> (!) 若背部存在不适则不建议进行此项训练。

✓ • 双臂放松。

✗ • 身体晃动，重心不稳。

动作

仰卧在瑞士球上，双膝屈曲约 90 度，双脚支撑于地面，臀部与背部紧贴球面，双臂置于头顶上方，双臂放松，颈部放松。保持呼吸顺畅，保持动作至规定时间。

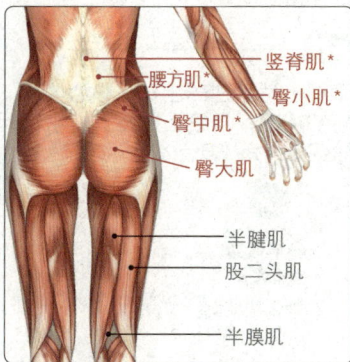

竖脊肌*
腰方肌*
臀小肌*
臀中肌*
臀大肌
半腱肌
股二头肌
半膜肌

呼吸

卷腹时呼气，
恢复时吸气。

若腰部存在不适，则不
建议进行此项训练。

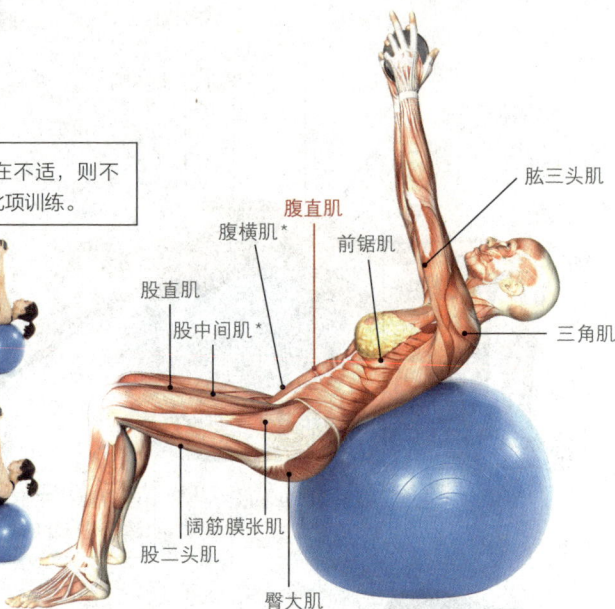

肱三头肌

腹直肌

腹横肌*　　前锯肌

股直肌

股中间肌*

三角肌

阔筋膜张肌

股二头肌

臀大肌

起始

仰卧于瑞士球上，背部紧贴球面，
屈髋的同时屈膝约90度，使躯干、
大腿与地面平行。双手持哑铃，双
臂伸直上举。

过程

腰部自然贴住瑞士球，核心收紧，
肩部抬起，卷腹上推哑铃。恢复起
始姿势，完成规定次数。

• 核心收紧，
背部平直。
• 双脚紧贴地面。

• 背部弯曲。
• 双臂晃动。

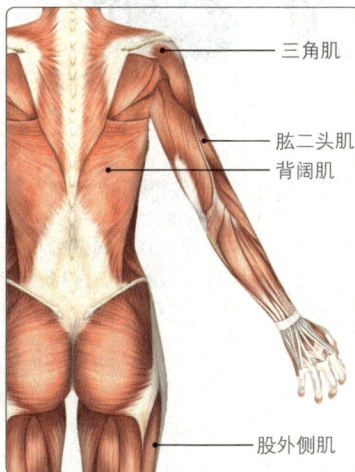

三角肌

肱二头肌
背阔肌

股外侧肌

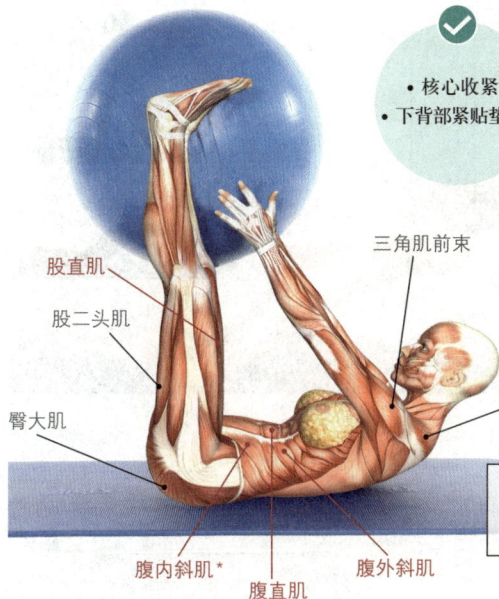

• 核心收紧。
• 下背部紧贴垫面。

• 身体使用冲力，
完成动作。
• 双腿屈膝。

呼吸
全程均匀呼吸。

股直肌
股二头肌
三角肌前束

臀大肌

三角肌后束

若下背部存在不适，则不建议进行此项训练。

腹内斜肌*
腹直肌
腹外斜肌

起始

仰卧于垫上，双腿伸直，将瑞士球夹在双脚之间，双臂伸直置于头顶。

过程

同时抬起双腿与上身，让手脚尽量靠近。将瑞士球从双腿传至双手，四肢放回垫面，双臂伸直置于头顶。再将瑞士球从双手传到双脚。恢复起始姿势，完成规定的次数。

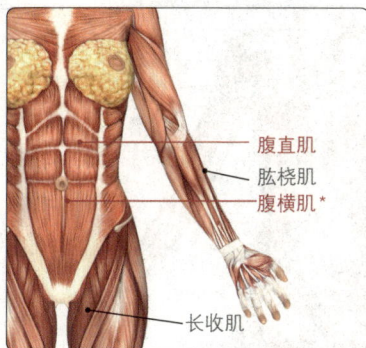

腹直肌
肱桡肌
腹横肌*

长收肌

瑞士球－跪姿前推

呼吸
身体下降时呼气，
上升时吸气。

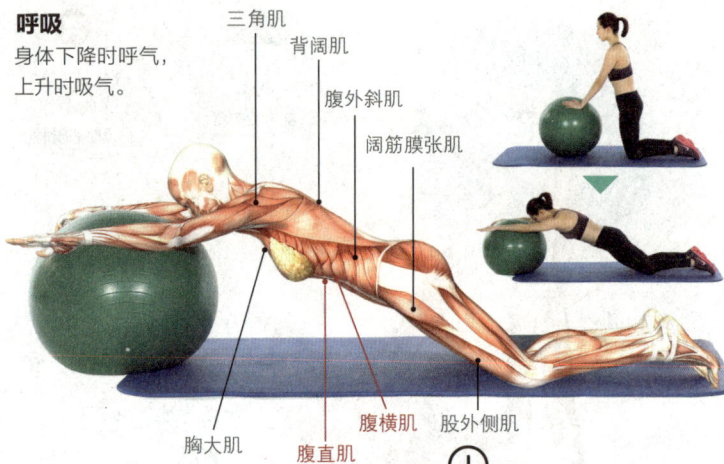

三角肌

背阔肌

腹外斜肌

阔筋膜张肌

胸大肌

腹直肌

腹横肌

股外侧肌

起始

跪在瑞士球前，双手置于球上，位置与髋同高。

✓ • 核心收紧，背部平直。

✗ • 背部拱起。

! 若肩关节存在不适，则不建议进行此项训练。

过程

慢慢将瑞士球向前推动，同时伸展身体至最大幅度，保持背部平直、膝关节稳定。腹部和下背部肌肉发力，将球拉回至起始位置。完成规定次数。

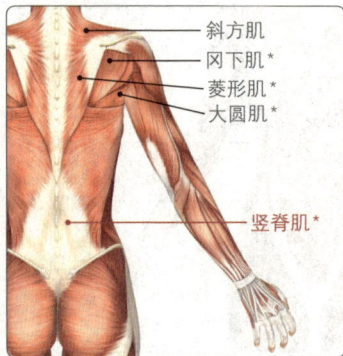

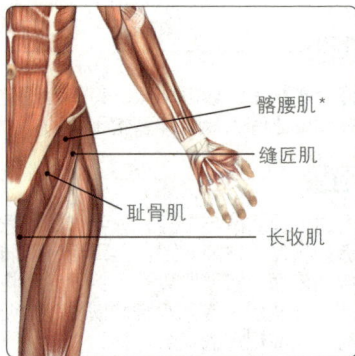

斜方肌
冈下肌*
菱形肌*
大圆肌*

竖脊肌*

髂腰肌*
缝匠肌
耻骨肌
长收肌

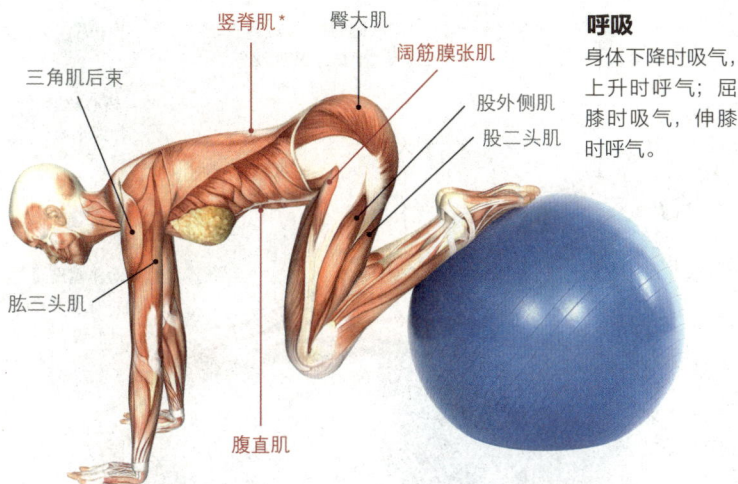

竖脊肌*
臀大肌
阔筋膜张肌
三角肌后束
股外侧肌
股二头肌

呼吸
身体下降时吸气，
上升时呼气；屈
膝时吸气，伸膝
时呼气。

肱三头肌

腹直肌

瑞士球－俯卧撑屈膝

- 背部挺直，核心收紧。
- 双手位于肩部正下方。

- 臀部上抬。

若肩部或背部存在不适，则不建议进行此项训练。

腹直肌
腹外斜肌
腹内斜肌*
髂腰肌*
缝匠肌
耻骨肌
股直肌

起始

双脚脚背置于瑞士球上，双手撑地，呈俯撑姿势，双手支撑于肩部正下方，保持身体从头到脚呈一条直线。

过程

双臂屈肘，身体下沉至胸部尽可能靠近地面，上臂与躯干夹角约为 45 度。双臂撑起，然后屈膝，直至大腿约与地面垂直。恢复起始姿势，完成规定次数。

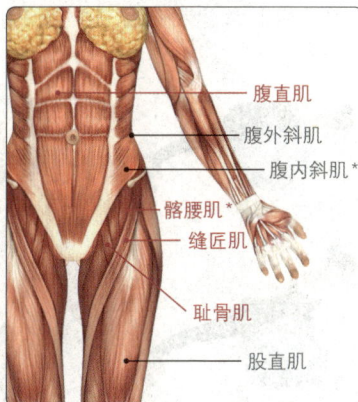

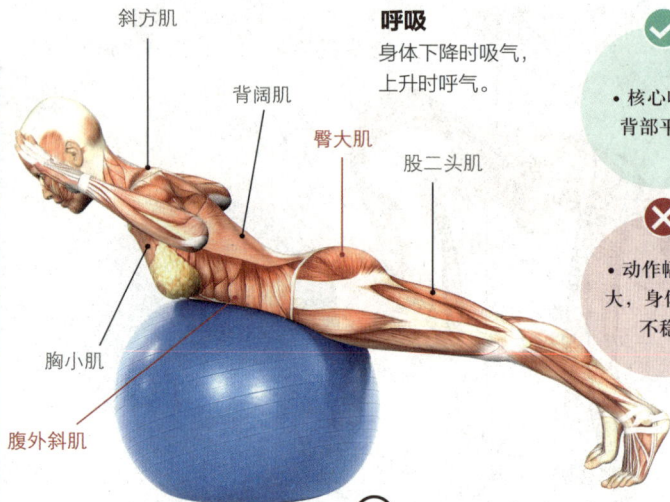

瑞士球-俯卧挺身

斜方肌

背阔肌

臀大肌

股二头肌

胸小肌

腹外斜肌

呼吸
身体下降时吸气，
上升时呼气。

✓ • 核心收紧，
背部平直。

✗ • 动作幅度过
大，身体重心
不稳。

(!) 若背部存在不适，则不建
议进行此项训练。

起始

俯卧于瑞士球上，胸部及腹
部贴球，双脚脚尖支撑于地
面，屈肘举起双臂置于头部
两侧，掌心向下。

过程

双侧肩胛骨收紧，挺直身体，使身
体离开瑞士球，身体从头到脚踝尽
可能呈一条直线。恢复起始姿势，
完成规定次数。

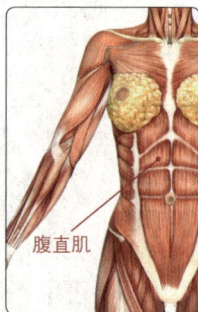

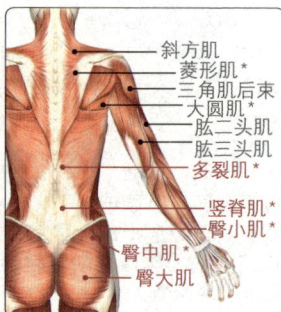

腹直肌

斜方肌
菱形肌*
三角肌后束
大圆肌*
肱二头肌
肱三头肌
多裂肌*

竖脊肌*
臀小肌*

臀中肌*

臀大肌

76

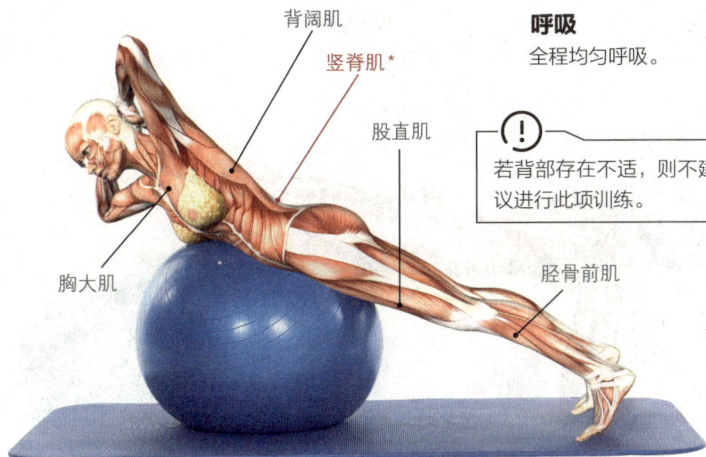

背阔肌

竖脊肌*

股直肌

胸大肌

胫骨前肌

呼吸
全程均匀呼吸。

(!) 若背部存在不适，则不建议进行此项训练。

瑞士球-俯卧转肩-交替

● ● ●

起始

俯卧于瑞士球上，背部平直，胸部不贴球，腹部与髋部贴球，双手置于头后。

过程

挺胸，躯干向一侧旋转至最大幅度。恢复起始姿势，换对侧重复。两侧交替进行，完成规定次数。

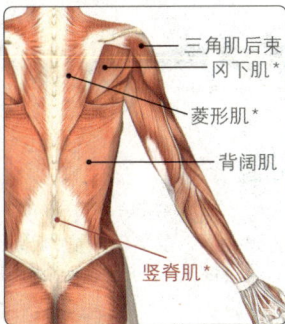

三角肌后束
冈下肌*
菱形肌*
背阔肌
竖脊肌*

✓
• 臀部收紧。
• 双腿始终伸直。

✗
• 背部拱起。

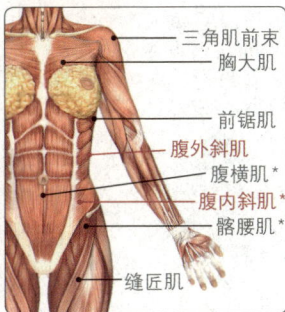

三角肌前束
胸大肌
前锯肌
腹外斜肌
腹横肌*
腹内斜肌*
髂腰肌*
缝匠肌

77

呼吸

抬腿时呼气，恢复时吸气。

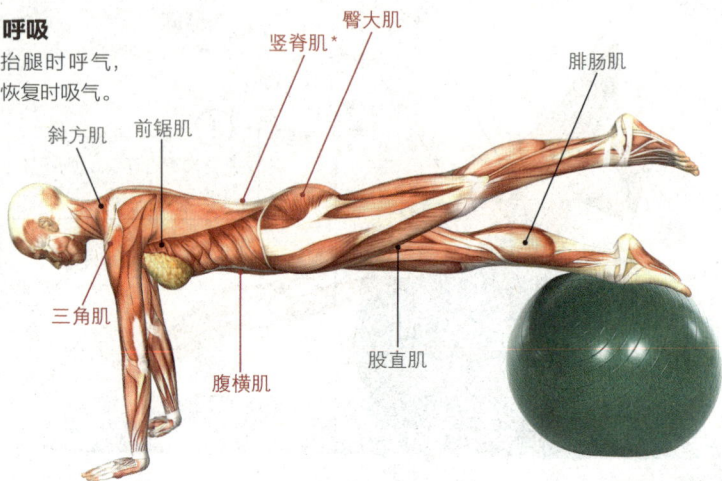

竖脊肌*

臀大肌

腓肠肌

斜方肌

前锯肌

三角肌

腹横肌

股直肌

起始

双侧小腿置于瑞士球上，双手撑地呈俯撑姿势，双手支撑于肩部正下方，保持身体从头到脚呈一条直线。

过程

保持身体稳定，一侧腿抬起至距离球面约 10 厘米，保持 2~3 秒。回到起始姿势，换对侧重复。两侧交替进行，完成规定次数。

(!) 若肩部存在不适，则不建议进行此项训练。

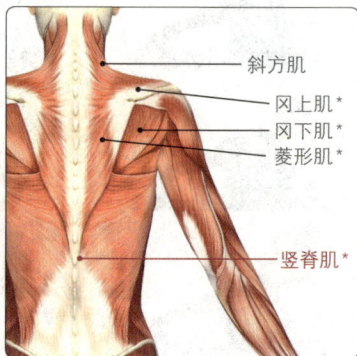

• 双手位于肩部正下方。
• 髋部处于中立位。

• 臀部上抬。

斜方肌

冈上肌*

冈下肌*

菱形肌*

竖脊肌*

78

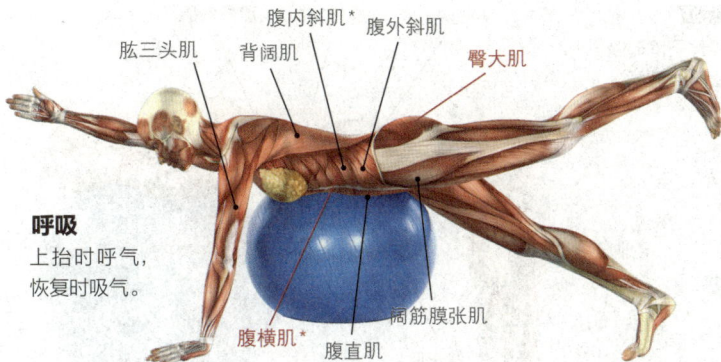

肱三头肌　背阔肌　腹内斜肌*　腹外斜肌　臀大肌

呼吸
上抬时呼气，
恢复时吸气。

腹横肌*　　阔筋膜张肌　腹直肌

瑞士球－俯卧－对侧交替上抬

✓
• 双手位于肩
　部正下方。
• 保持髋部处
　于中立位。

✗
• 臀部上抬。

! 肩部有问题、腰背部疼痛时，则
　不建议此项训练。

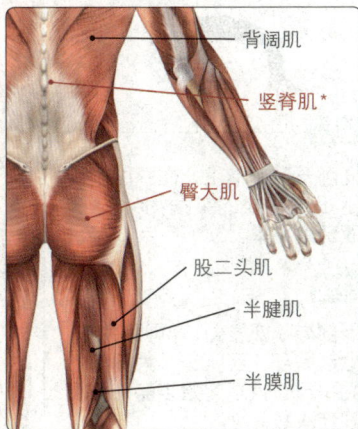

背阔肌

竖脊肌*

臀大肌

股二头肌

半腱肌

半膜肌

起始

俯卧在瑞士球上，双手、双脚撑地。

过程

核心收紧，保持背部平直，同时抬
起一侧手臂和对侧腿，至手臂、腿
约与地面平行。回到起始姿势，换
对侧重复。两侧交替进行，完成规
定次数。

瑞士球—仰卧臀桥

呼吸
身体下降时吸气，上升时呼气。

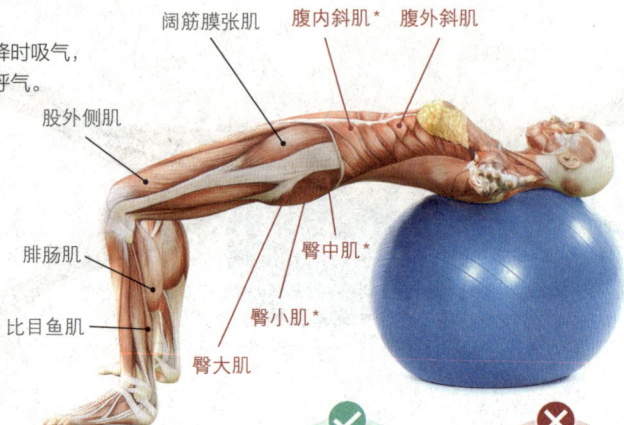

阔筋膜张肌

腹内斜肌*　腹外斜肌

股外侧肌

腓肠肌

比目鱼肌

臀中肌*

臀小肌*

臀大肌

⚠ 若腰部存在不适，则不建议进行此项训练。

✅
• 核心收紧。
• 背部平直。

❌
• 身体发生晃动。

起始
仰卧于瑞士球上，屈膝屈髋使躯干和地板的夹角为 45°，双臂侧平举。

过程
臀部与腿部发力，伸展髋关节，抬起臀部，至躯干、大腿与地面平行。恢复起始姿势，重复规定次数。

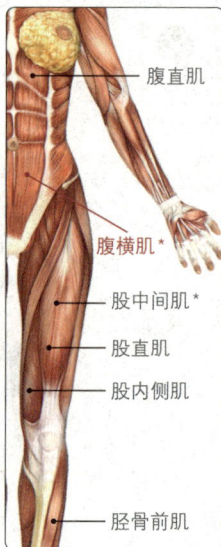

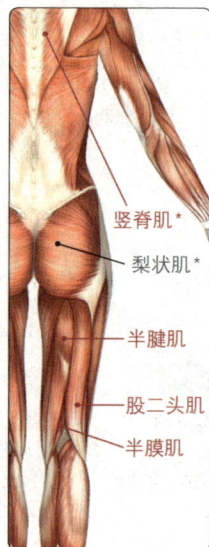

腹直肌

腹横肌*

股中间肌*

股直肌

股内侧肌

胫骨前肌

竖脊肌*

梨状肌*

半腱肌

股二头肌

半膜肌

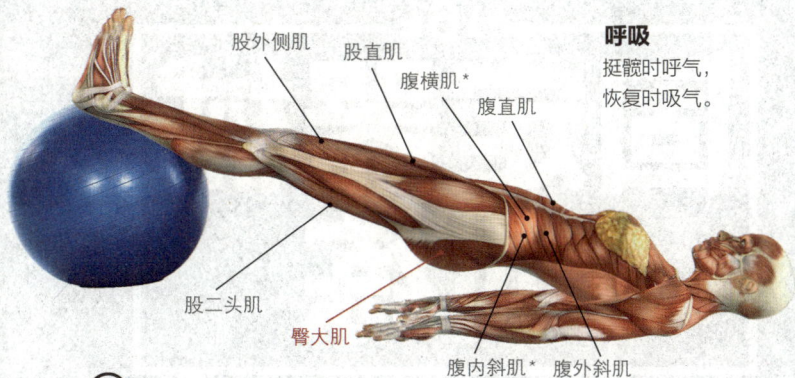

股外侧肌　股直肌

腹横肌*　腹直肌

呼吸
挺髋时呼气，
恢复时吸气。

股二头肌

臀大肌

腹内斜肌*　腹外斜肌

瑞士球—仰卧直腿挺髋

(!) 当腿部疼痛、髋关节疼痛、腰部有
问题时，则不建议进行此项训练。

✓
• 臀部收紧。
• 双腿始终伸直。

✗
• 背部拱起。

背阔肌

竖脊肌*

臀大肌

股二头肌

半腱肌

半膜肌

起始

仰卧于垫上，双臂放于身体两侧，
双腿伸直，脚尖勾起，脚跟放在瑞
士球上。

过程

臀部收缩，髋部抬起，直至肩部、
躯干、双腿呈一条直线，保持姿势
3～5秒。恢复起始姿势，完成规
定次数。

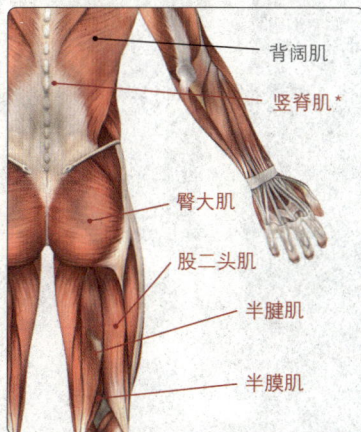

第6章

固定器械
训练

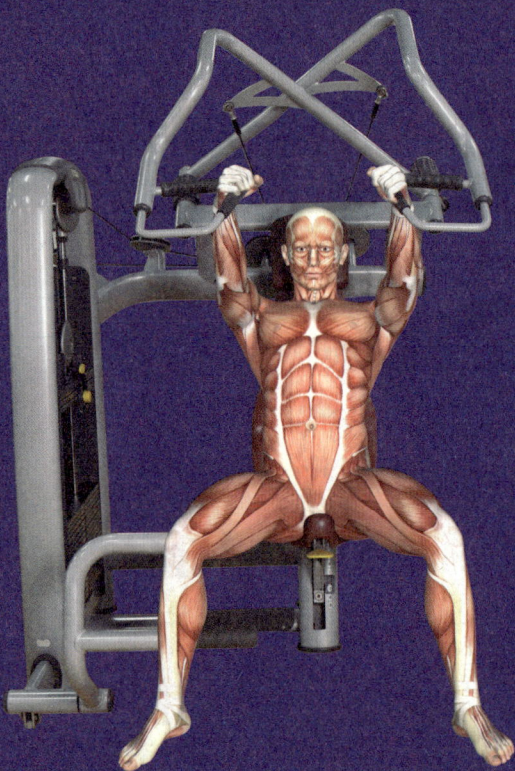

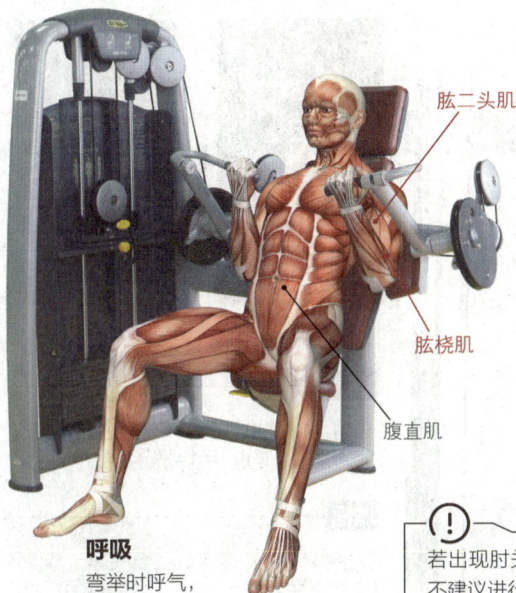

肱二头肌

肱桡肌

腹直肌

器械坐姿肱二头肌弯举

呼吸
弯举时呼气，
恢复时吸气。

(!) 若出现肘关节疼痛，则
不建议进行此项训练。

● ● ●

✔
- 肘关节紧贴支撑
  垫，手臂发力。
- 背部、臀部紧
  贴座椅。

✘
- 双脚离地。
- 上身前倾。

起始
由坐姿开始，上身挺直，背靠椅背。
双脚撑地，双臂伸直，手握把手。

过程
保持身体姿势不变，双臂缓慢向上弯
举至最大幅度，稍作停顿，缓慢恢复
起始姿势。完成规定次数。

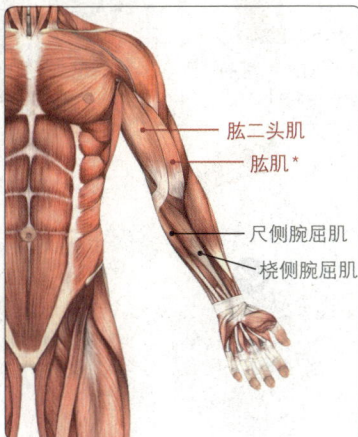

肱二头肌

肱肌*

尺侧腕屈肌

桡侧腕屈肌

83

绳索站姿肱二头肌弯举

呼吸

弯举时呼气，恢复时吸气。

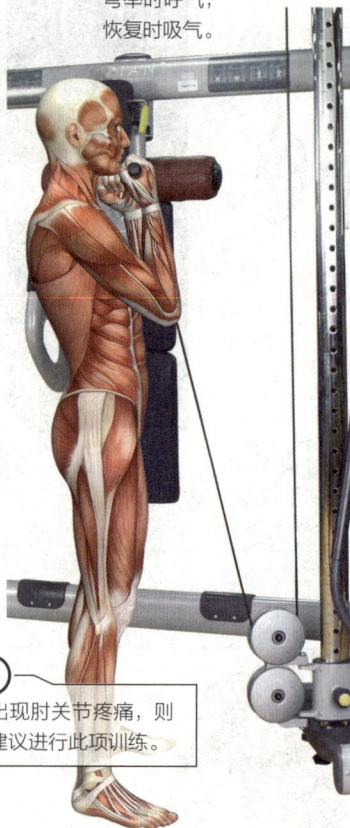

起始

面向器械站立，挺胸收腹，身体略微后仰。双臂伸直，手握把手，掌心向上。

过程

保持身体姿势不变，上臂夹紧，前臂向上弯举至最大限度。缓慢恢复起始姿势，完成规定次数。

(!) 若出现肘关节疼痛，则不建议进行此项训练。

- ✓
  - 上臂保持夹紧。
  - 保持躯干挺直且收紧。

- ✗
  - 肘关节外展。
  - 身体过度后仰。

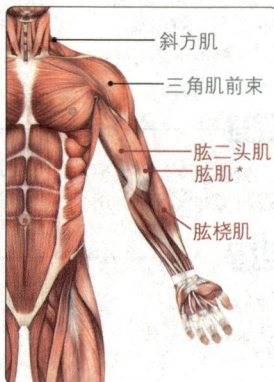

斜方肌
三角肌前束
肱二头肌
肱肌*
肱桡肌

呼吸
手臂下压时呼气，
恢复时吸气。

肱二头肌

若出现肘关节疼痛，则
不建议进行此项训练。

起始

坐于器械上，调整座椅位。膝关节屈曲，
双脚支撑于地面，躯干紧靠椅背，双手
握紧两侧把手且掌心相对。

过程

双臂同时对抗阻力，尽可能向下伸展，
直至手臂伸直。恢复起始姿势，完成规
定次数。

肱三头肌

背阔肌

• 背部挺直。
• 后背和臀部
紧贴座椅。

• 上身前俯。
• 背部拱起。

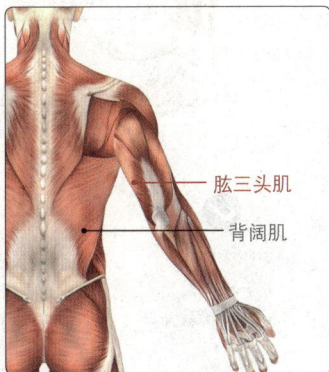

85

绳索站姿肱三头肌下压

肱三头肌

胸大肌
肱二头肌
腹外斜肌
腹直肌

起始

面对器械站立，双脚分开，与肩同宽。双臂置于身体两侧，上臂夹紧躯干，肘关节屈曲双手正握把手。

过程

躯干收紧且直立，上臂夹紧于身体两侧，肘关节对抗阻力伸展，直至手臂完全伸直。恢复起始姿势，完成规定次数。

呼吸

肘关节伸展时呼气，恢复时吸气。

(!) 若出现肘关节疼痛，则不建议进行此项训练。

斜方肌

大圆肌*

肱三头肌

✔
• 身体挺直。
• 上臂夹紧。
• 核心收紧。

✖
• 身体前倾或后仰。
• 背部拱起。
• 肘关节外展。

呼吸

手臂撑起时呼气，恢复时吸气。

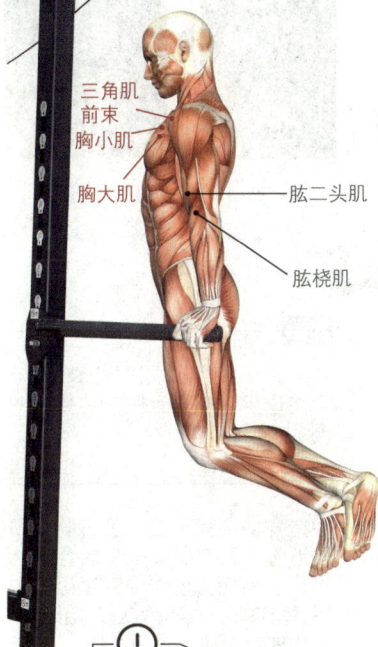

三角肌
前束
胸小肌

胸大肌

肱二头肌

肱桡肌

双杠屈臂撑

起始

双臂屈肘 90 度，双手握杆，保持身体挺直，脚尖点地。

过程

双臂发力，向上撑起至手臂完全伸直，双脚离地，并保持身体挺直。缓慢恢复起始姿势，完成规定的次数。

(!) 若肩部存在不适，则不建议进行此项训练。

✓
• 身体呈一条直线。
• 保持稳定，手臂发力。

✗
• 腿部发力，出现借力的情况。

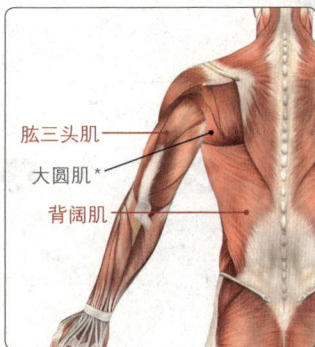

肱三头肌

大圆肌*

背阔肌

绳索站姿肩外旋单臂

呼吸

外旋时呼气，恢复时吸气。

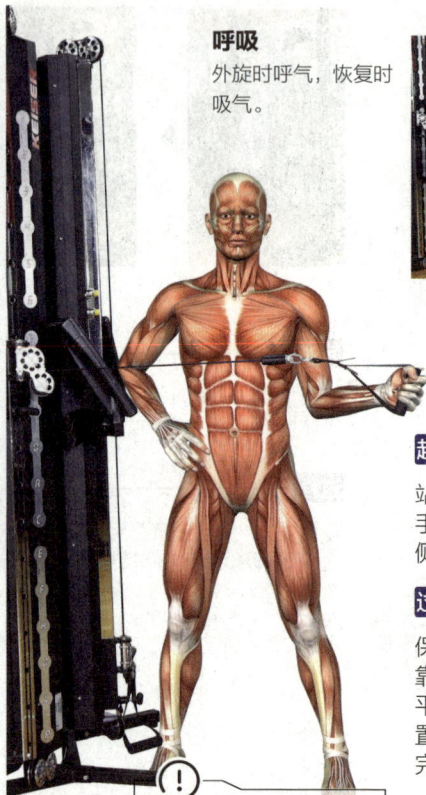

起始

站立，一侧手臂屈肘约 90 度，手握把手，横于上腹前位置，对侧手扶腰。

过程

保持身体姿势不变，训练侧上臂靠近躯干，前臂向外旋转且始终平行于地面。拉伸绳索至极限位置，稍作停顿，缓慢恢复起始姿势。完成规定次数，对侧亦然。

! 若出现肩关节疼痛，则不建议进行此项训练。

✔
• 训练侧上臂及肘关节靠近躯干。
• 训练侧前臂与地面平行。

✖
• 背部拱起。
• 训练侧上臂向上抬起。

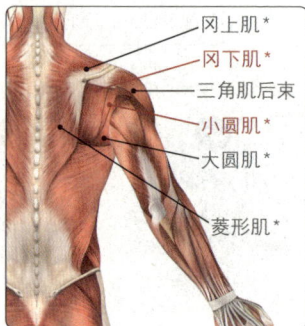

冈上肌*
冈下肌*
三角肌后束
小圆肌*
大圆肌*
菱形肌*

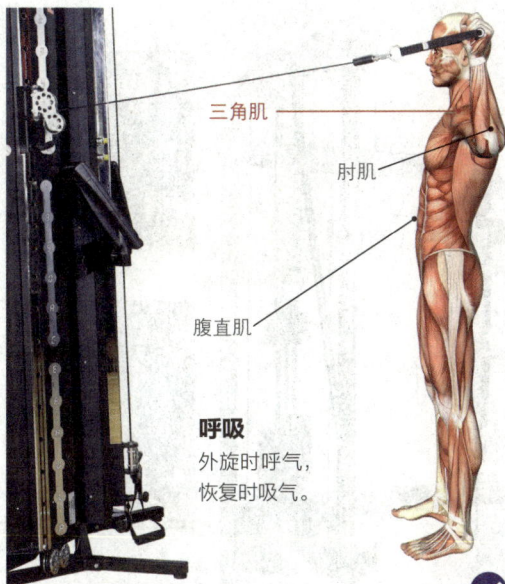

三角肌

肘肌

腹直肌

呼吸
外旋时呼气，
恢复时吸气。

绳索-招财猫式

(!) 若出现肘关节疼痛，则
不建议进行此项训练。

✓
• 上臂尽量保持
不动。

✗
• 手臂晃动。
• 身体后仰。
• 肩部上耸。

起始

面向器械站立，双脚开立，略比肩宽。
一侧手扶髋；另一侧手臂前平举，与肩
同高，手握把手，掌心向下。保持身体
姿势不变，屈肘后拉，至上臂与肩部齐平，
同时保持手臂与地面平行。

过程

手臂向上旋转至头部一侧，此时掌心向
前。稍作停顿，恢复起始姿势。完成规
定次数，对侧亦然。

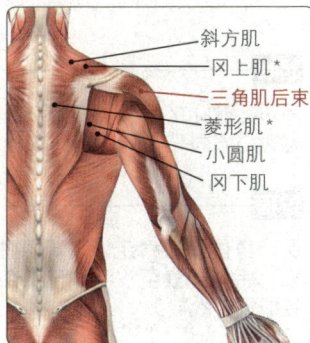

斜方肌
冈上肌*
三角肌后束
菱形肌*
小圆肌
冈下肌

绳索站姿面拉

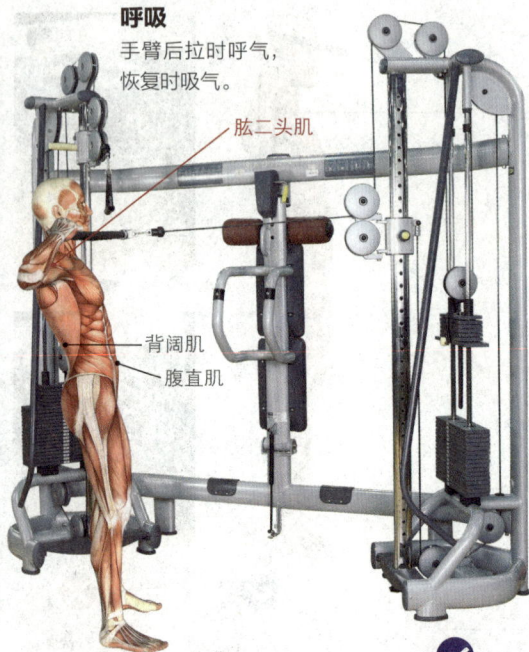

呼吸

手臂后拉时呼气，
恢复时吸气。

肱二头肌

背阔肌
腹直肌

⚠ 若出现肩关节疼痛，则不建议进
行此项训练。

✓ • 躯干挺直且
核心收紧。
• 膝关节微屈。

✗ • 双腿过度屈膝。

斜方肌
三角肌后束
菱形肌*
大圆肌*
背阔肌

起始

面对器械站立，双手握把手，双臂伸直，
尽量与肩同高。

过程

保持身体重心稳定，双臂屈肘后拉绳
索。后拉绳索至双手位于头部两侧。
完成规定次数。

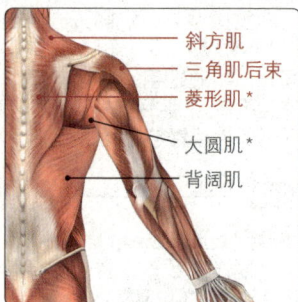

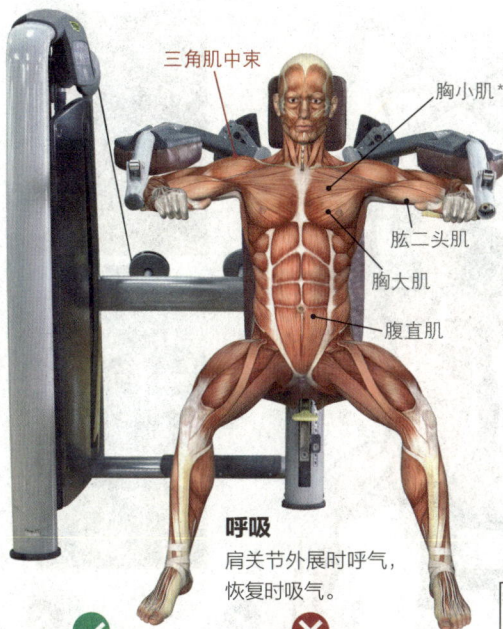

三角肌中束

胸小肌*

肱二头肌

胸大肌

腹直肌

器械肩外展

呼吸

肩关节外展时呼气，
恢复时吸气。

（!）若出现肘关节疼痛，则
不建议进行此项训练。

✓
• 后背和臀部
　紧贴座椅。
• 肘关节上侧紧
　贴支撑垫。

✗
• 双肩上耸。
• 上身前倾。

斜方肌

竖脊肌*

背阔肌

起始

坐于器械座椅上，调整座椅位。膝关节屈
曲，双脚支撑于地面，躯干紧靠椅背，肘
部上侧紧贴支撑垫，双手握紧两侧把手。

过程

保持身体姿势不变，挺胸收腹，肩关节
外展，肘关节上侧对抗支撑垫，直至上
臂接近水平，然后恢复起始姿势。完成
规定次数。

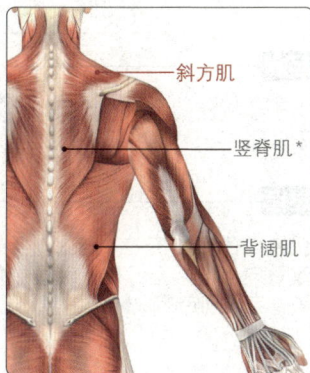

呼吸

手臂推起时呼气，
恢复时吸气。

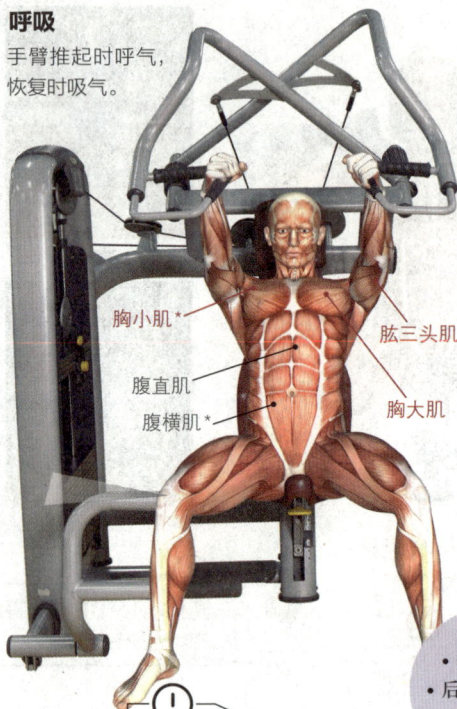

胸小肌*

腹直肌

腹横肌*

肱三头肌

胸大肌

- 核心收紧。
- 后背和臀部紧
贴座椅。

- 身体前倾。
- 双臂完全伸直。

(!) 若肩部存在不适，则不
建议进行此项训练。

起始

坐于器械座椅上，双腿屈膝，双脚支撑
于地面，身体紧贴椅背，双手握把手。

过程

保持身体姿势不变，胸部与手臂发力，
双臂向上推起至顶端，缓慢恢复起始姿
势，完成规定的次数。

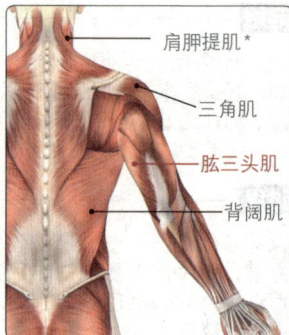

肩胛提肌*

三角肌

肱三头肌

背阔肌

器械坐姿上斜推胸

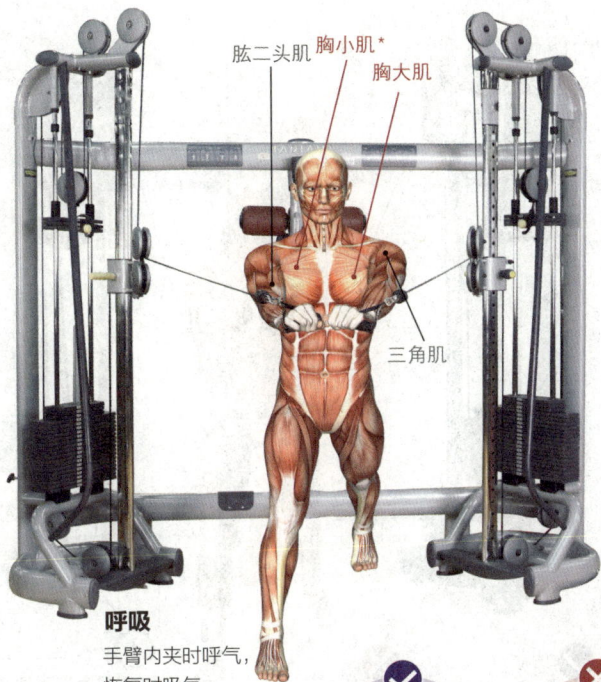

肱二头肌　胸小肌*
胸大肌

三角肌

呼吸

手臂内夹时呼气，
恢复时吸气。

(!) 若肩部存在不适，则不
建议进行此项训练。

✓
• 保持手臂稳定。
• 保持核心收紧。

✗
• 身体扭动。
• 双肩上耸。

起始

双脚前后分开站立。将器械把手设
置为与胸部同高，双手持握把手，
双手掌心向下。

过程

保持身体姿势，伸展肘部，双臂内
夹至完全伸直，双手位于胸部前方。
恢复起始姿势，完成规定的次数。

呼吸

手臂下拉时呼气，
恢复时吸气。

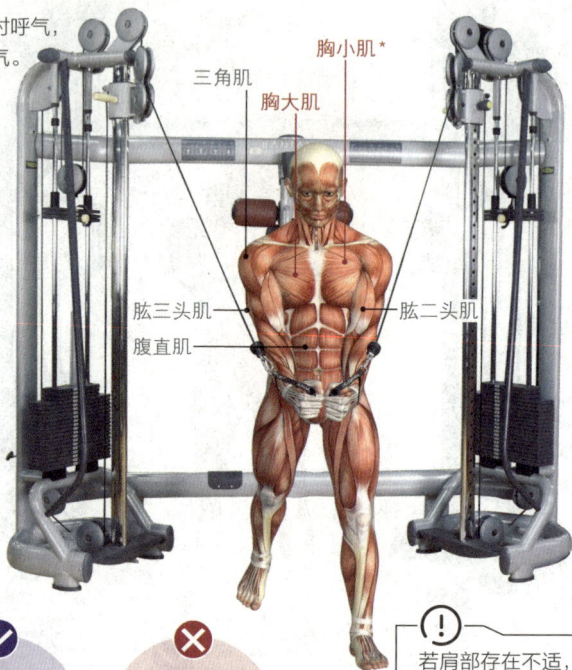

绳索分腿−站姿下斜夹胸

三角肌
胸大肌
胸小肌*

肱三头肌
肱二头肌
腹直肌

✓
• 手臂保持稳定。

✗
• 背部拱起。
• 上身下俯。
• 前臂过度发力。

(!) 若肩部存在不适，则不
建议进行此项训练。

起始

以分腿姿势站立于龙门架中间位
置。双手紧握把手，上臂与肩齐平，
屈肘，掌心相对。

过程

胸部发力，双臂由上向下拉把手至
腹部前方，双手靠拢。恢复起始姿
势，完成规定的次数。

呼吸

收腹时呼气,恢复
时吸气。

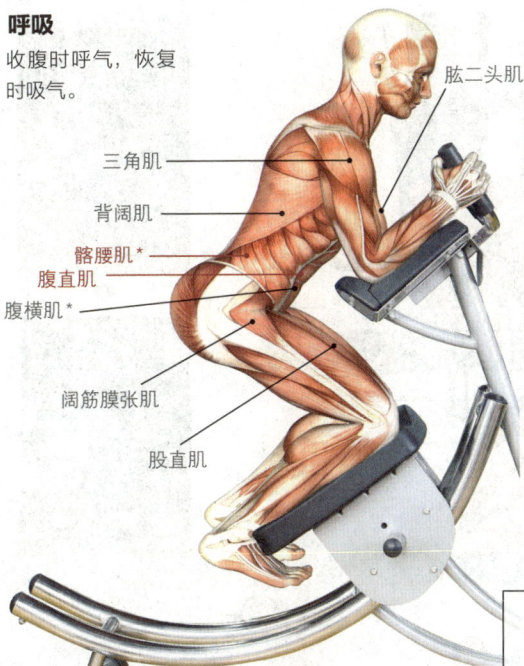

肱二头肌

三角肌

背阔肌

髂腰肌 *
腹直肌
腹横肌 *

阔筋膜张肌

股直肌

器械反向卷腹

若出现髋关节疼痛,则
不建议进行此项训练。

✔
• 腹部主动发力。
• 膝关节和前臂
紧贴垫子。

✖
• 臀部后翘。
• 背部拱起。

起始

双膝跪于器械上,尽可能保持膝、髋、
躯干呈一条直线。双手握上方把手,
前臂支撑于垫子。

过程

保持身体稳定,腹部收缩,屈髋至最
大限度,再缓慢恢复起始姿势。完成
规定次数。

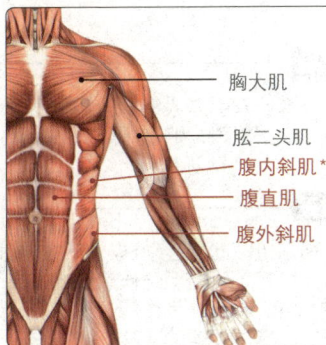

胸大肌

肱二头肌

腹内斜肌 *
腹直肌
腹外斜肌

绳索跪姿卷腹

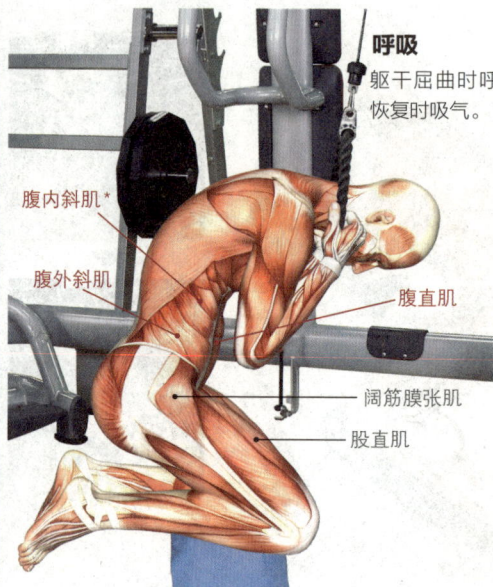

呼吸
躯干屈曲时呼气，
恢复时吸气。

腹内斜肌*
腹外斜肌
腹直肌
阔筋膜张肌
股直肌

若背部存在不适，则不
建议进行此项训练。

• 使用核心力量。

• 头颈代偿。

胸小肌*
胸大肌
前锯肌
肱二头肌
腹直肌
缝匠肌

起始

呈跪姿，双手握紧绳索，置于肩部前
方，躯干挺直，略微屈髋。

过程

双腿保持不动，上身下俯，下拉绳索，
背部拱起。下俯至动作最低处，感受
核心肌肉收缩，稍作停顿。恢复起始
姿势，完成规定的次数。

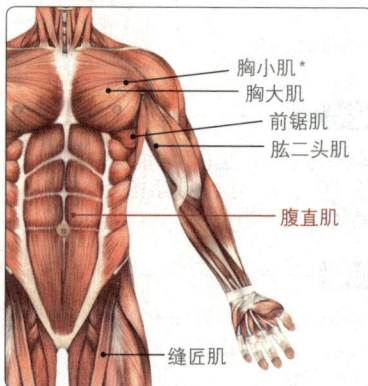

绳索半跪姿稳定上提前推

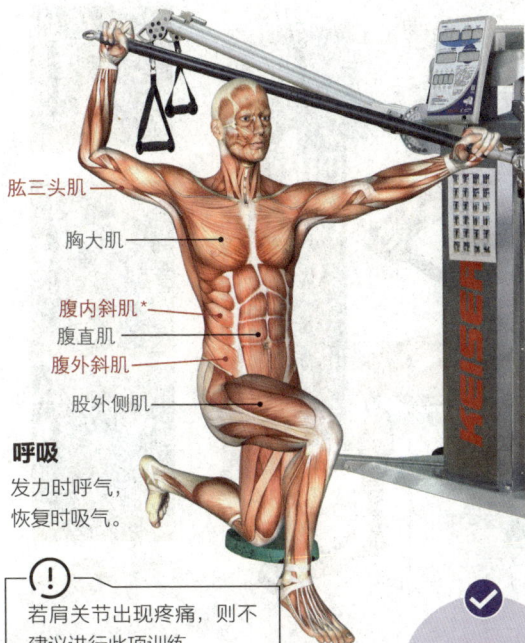

肱三头肌

胸大肌

腹内斜肌*
腹直肌
腹外斜肌

股外侧肌

呼吸
发力时呼气,
恢复时吸气。

若肩关节出现疼痛,则不建议进行此项训练。

● 控制身体稳定。

● 上身晃动。
● 双脚移动位置。

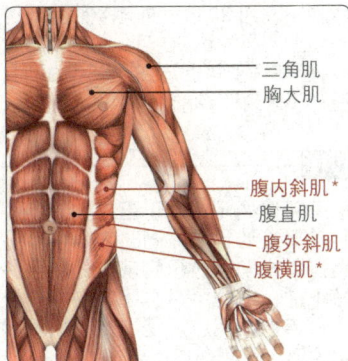

三角肌
胸大肌

腹内斜肌*
腹直肌
腹外斜肌
腹横肌*

起始

侧对 KEISER 三角机(可用任何带有绳索的器械代替),呈半跪姿,躯干直立,外侧腿支撑于地面,且屈膝屈髋约 90 度,内侧腿膝盖支撑于垫上,屈膝约 90 度。内侧手臂伸直,握住杆子斜下方;外侧手臂屈肘,握杆子末端于身体前方。

过程

躯干直立,外侧手斜向上拉动杆子,同时内侧手臂沿着拉动方向屈肘于胸前。随后内侧手向前推杆至手臂伸直。恢复起始姿势,完成规定次数。对侧亦然。

97

绳索半跪姿稳定下砍前推

呼吸

发力时呼气，
恢复时吸气。

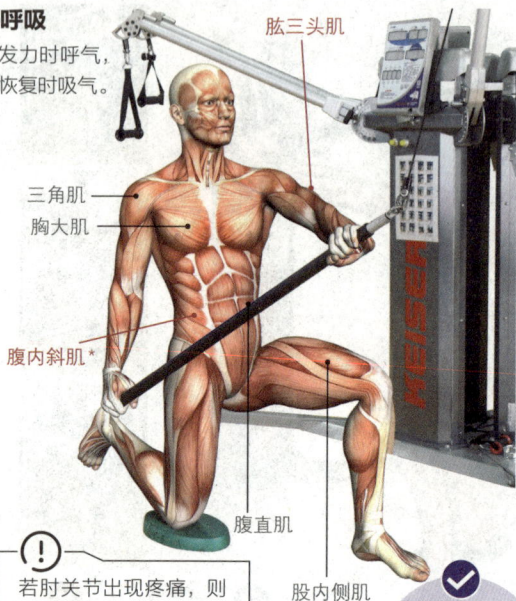

肱三头肌

三角肌

胸大肌

腹内斜肌*

腹直肌

股内侧肌

(!) 若肘关节出现疼痛，则
不建议进行此项训练。

✓ ·控制身体稳定。

✗ ·身体晃动。
·双脚移动位置。

起始

侧对 KEISER 三角机，呈半跪姿，
躯干直立，内侧腿支撑于地面，且
屈膝屈髋约 90 度，外侧腿膝盖支撑
于垫上，屈膝约 90 度。内侧手臂伸
直，握住杆子斜上方；外侧手臂屈肘，
握杆子末端于胸前。

过程

保持身体稳定、躯干直立，外侧手
斜向下拉动杆子，同时内侧手臂沿
着拉动方向屈肘于胸前。外侧手保
持不动，内侧手沿水平方向推杆至
手臂伸直。完成规定次数，恢复起
始姿势。对侧亦然。

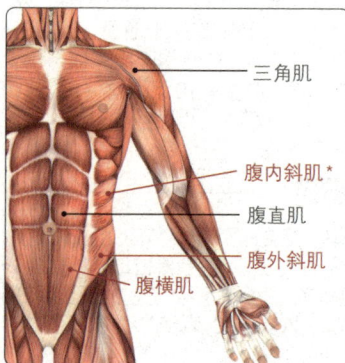

三角肌

腹内斜肌*

腹直肌

腹外斜肌

腹横肌

呼吸

蹬腿旋转时呼气，恢复时吸气。

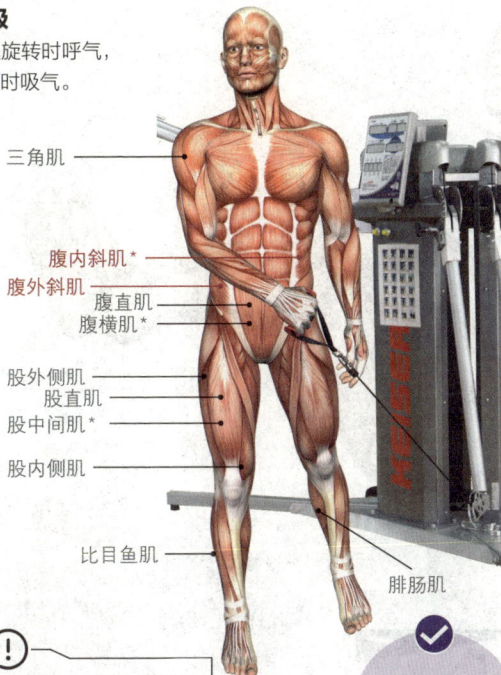

三角肌

腹内斜肌*
腹外斜肌
腹直肌
腹横肌*

股外侧肌
股直肌
股中间肌*

股内侧肌

比目鱼肌

腓肠肌

绳索－旋转上拉

若出现腰部疼痛，则不建议进行此项训练。

✔
• 躯干挺直。
• 核心收紧。

✖
• 腿部发力过猛。
• 肩部上耸。

起始

侧向站于 KEISER 三角机（可用任何带有绳索的器械代替）前，双脚支撑于地面，外侧手持把手。

过程

躯干挺直向内旋转至外侧手于内侧腿前方。躯干挺直，蹬腿的同时躯干对抗外侧手臂的阻力向外旋转，直至身体直立。完成规定的次数。对侧亦然。

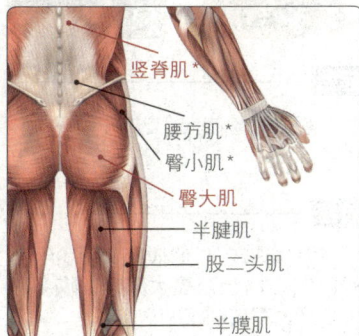

竖脊肌*
腰方肌*
臀小肌*
臀大肌
半腱肌
股二头肌
半膜肌

99

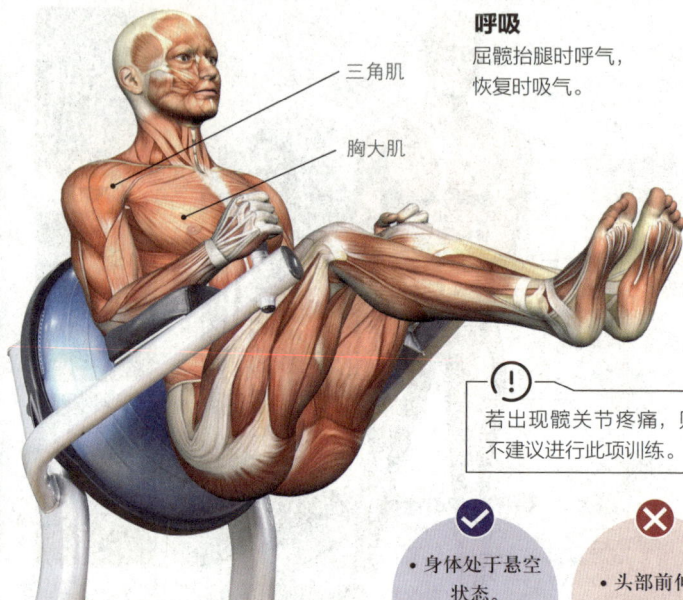

呼吸

屈髋抬腿时呼气，
恢复时吸气。

三角肌

胸大肌

器械悬垂提腿

!

若出现髋关节疼痛，则
不建议进行此项训练。

✓
- 身体处于悬空状态。
- 保持核心收紧。

✗
- 头部前伸。
- 肩部上耸。

三角肌
胸大肌
肱二头肌
腹直肌
髂腰肌
股直肌

起始

躯干紧贴靠背，前臂支撑于垫子上，
身体悬空。

过程

保持身体稳定，核心收紧，屈髋抬腿。
双腿向上抬起至最大限度。恢复起
始姿势，完成规定的次数。

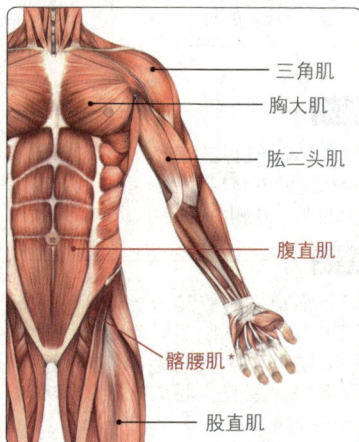

呼吸

拉起时呼气，恢复
时吸气。

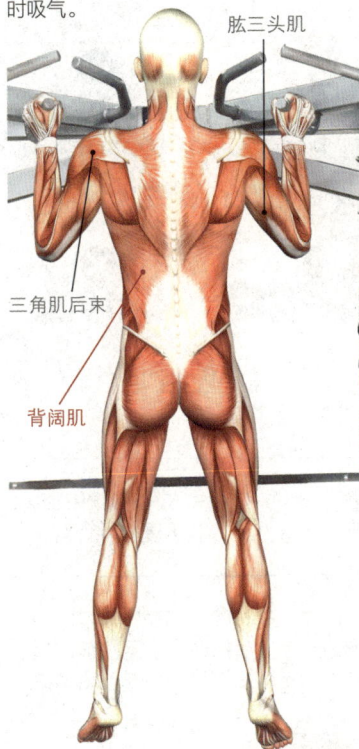

肱三头肌

三角肌后束

背阔肌

引体向上

若肩部存在不适，则不
建议进行此项训练。

起始

站立在器械中间，双手上伸握住把手，
双臂、双腿伸直，双腿悬空，身体悬挂。●●●

过程

双臂屈肘，向上拉起身体至下颌与把
手等高，稍作停顿。缓慢恢复起始姿
势，完成规定的次数。

三角肌前束

肱二头肌

前锯肌

肱桡肌

• 保持身体稳定。

• 身体过度晃动。

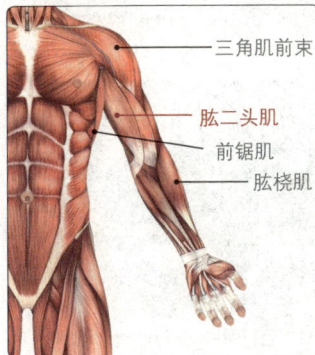

101

呼吸

双臂后拉时呼气，
恢复时吸气。

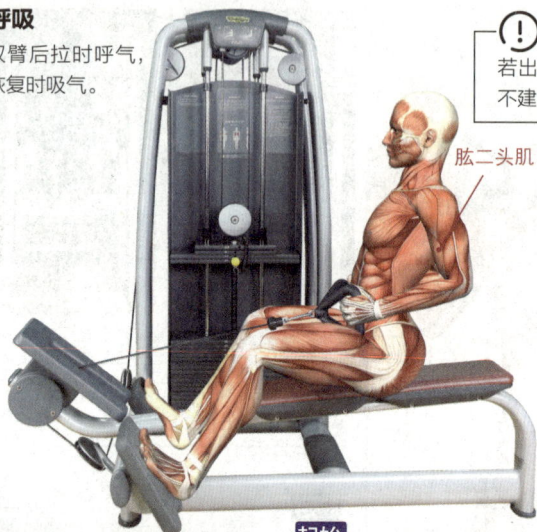

器械坐姿划船

肱二头肌

! 若出现肘关节疼痛，则
不建议进行此项训练。

✓
• 躯干保持直立。

✗
• 背部拱起。
• 上身前俯。
• 双腿发力。

起始

坐于器械凳上，躯干直立，双脚固定于踏板，
屈膝屈髋，双臂伸直，双手握把手。

过程

躯干保持直立，下肢固定不动，双臂紧贴于
身体两侧，双手向后拉动把手至腹前位置，
稍作停顿。恢复起始姿势，完成规定次数。

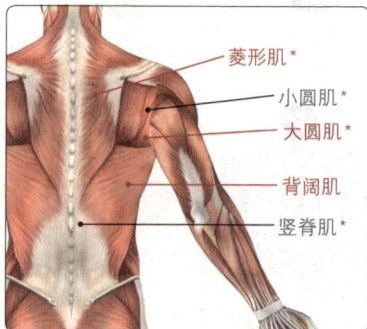

菱形肌*
小圆肌*
大圆肌*
背阔肌
竖脊肌*

呼吸
手臂交叉下拉时呼气，恢复时吸气。

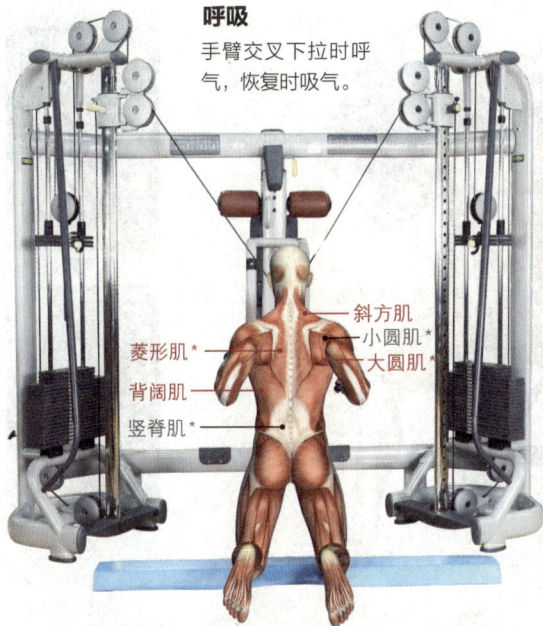

斜方肌
小圆肌*
菱形肌*
大圆肌*
背阔肌
竖脊肌*

绳索跪姿交叉下拉

- 躯干保持直立。
- 保持核心收紧。

- 背部拱起。
- 上身下俯。
- 双腿移动位置。

若出现肩关节疼痛，则不建议进行此项训练。

肱二头肌
腹直肌

起始
跪于器械正前方，膝、髋和躯干呈一条直线，双臂伸直且交叉于头顶前上方，双手分别握住把手掌心朝前。

过程
保持身体稳定，躯干收紧且直立，双臂交叉下拉把手至身体两侧掌心朝后。恢复起始姿势，完成规定次数。

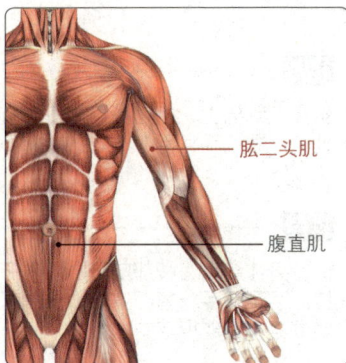

器械坐姿下拉

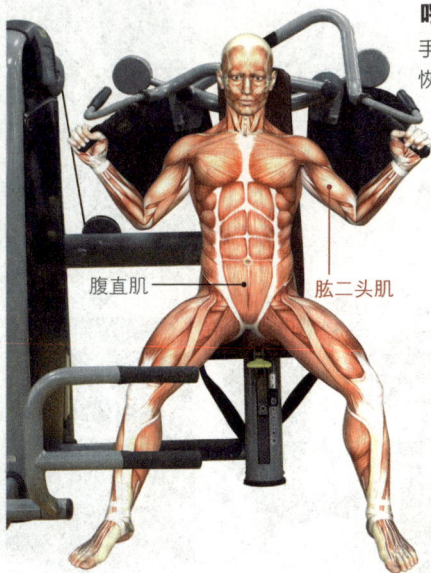

腹直肌 —

— 肱二头肌

呼吸

手臂下拉时呼气，
恢复时吸气。

✓
• 后背和臀部
  紧贴座椅。

✗
• 上身前俯。
• 背部拱起。

! 若肩部存在不适，则不
建议进行此项训练。

竖脊肌 *
背阔肌
多裂肌 *

起始

坐在训练椅上，上身挺直，双脚撑
地，手握把手，手腕直立。

过程

保持身体姿势，胸部前挺，双臂下
拉把手至双手与肩部齐平。恢复起
始姿势，完成规定的次数。

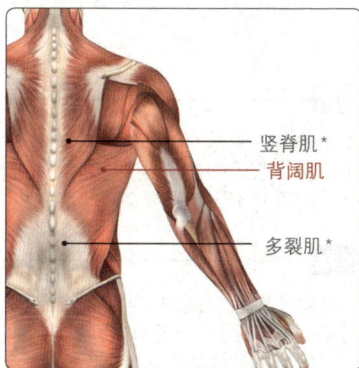

呼吸

双臂下拉时呼气，
恢复时吸气。

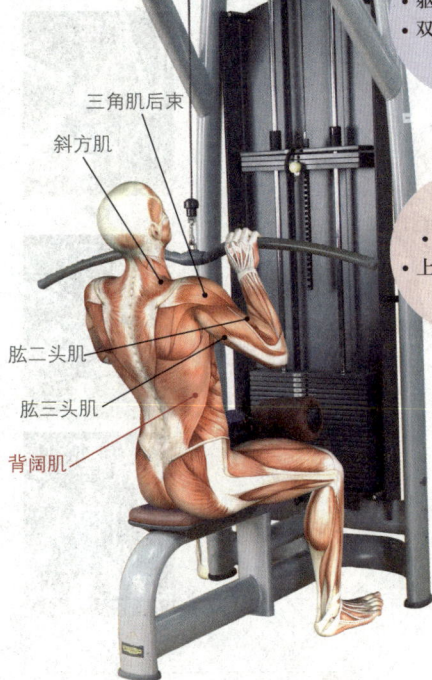

✓
• 躯干保持直立。
• 双臂同时发力。

✗
• 背部拱起。
• 上身过度后仰。

三角肌后束

斜方肌

肱二头肌

肱三头肌

背阔肌

绳
索
－
坐
姿
－
高
低
下
拉
－
窄
握

⚠ 若出现肩部疼痛，则不
建议进行此项训练。

冈下肌*
菱形肌*
大圆肌*

背阔肌

起始

坐于训练椅上，调整座椅位。膝关节屈曲，
双脚支撑于地面，大腿位于横垫下。躯干
挺直，手臂与躯干保持在同一平面，双手
正握于拉力杆，间距与肩同宽。

过程

躯干保持挺直，双臂屈肘下拉至最大限度。
恢复起始姿势，完成规定次数。

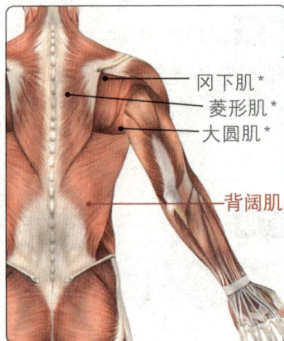

器械－坐姿－爬绳

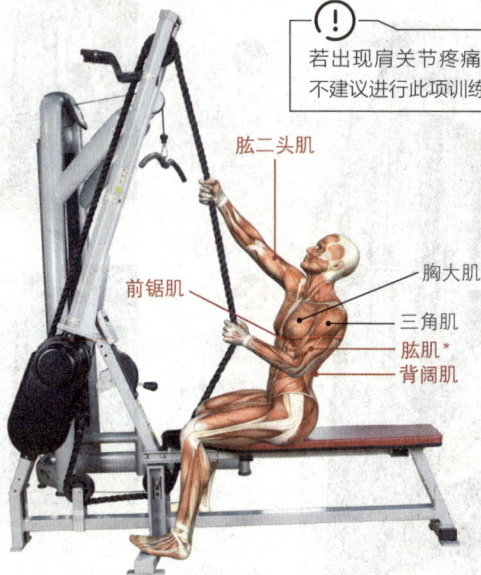

! 若出现肩关节疼痛，则不建议进行此项训练。

呼吸
发力时呼气，恢复时吸气。

肱二头肌

前锯肌

胸大肌

三角肌

肱肌*

背阔肌

✓ • 躯干保持挺直。

✗ • 肩部上耸。

起始

坐于器械上，调整座椅位。膝关节屈曲，双脚支撑于地面，躯干挺直，双手一上一下握紧绳子。

过程

躯干保持挺直，双臂交替下拉绳子，完成规定的次数。

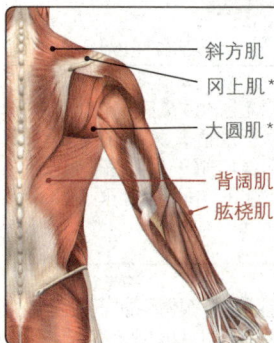

斜方肌

冈上肌*

大圆肌*

背阔肌

肱桡肌

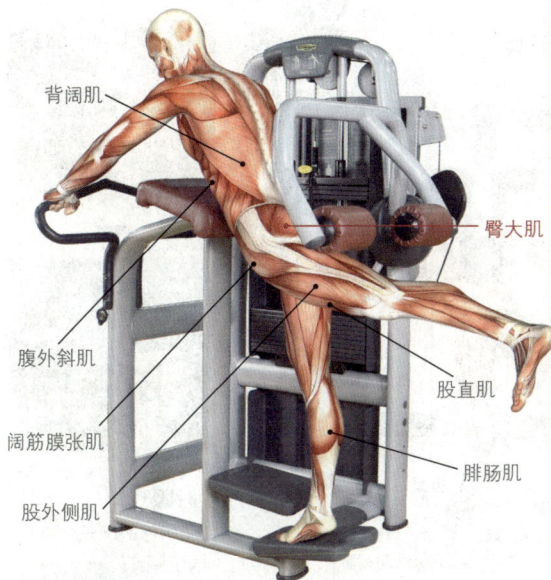

背阔肌

臀大肌

腹外斜肌

股直肌

阔筋膜张肌

腓肠肌

股外侧肌

呼吸

腿后伸时呼气，恢复
时吸气。

✔
- 保持背部挺直。
- 臀部肌肉收紧。
- 髋关节固定。

✘
- 上身弯曲。
- 支撑腿移动。

! 若出现髋关节疼痛，则不
建议进行此项训练。

起始

站于器械上，一侧腿支撑于踏板，另
一侧腿的膝关节后侧紧贴横垫，双手
握住前方把手。

过程

身体其他部位固定，非支撑腿下压器
械。非支撑腿继续后伸至与躯干呈一
条直线。恢复起始姿势，完成规定次数。
对侧亦然。

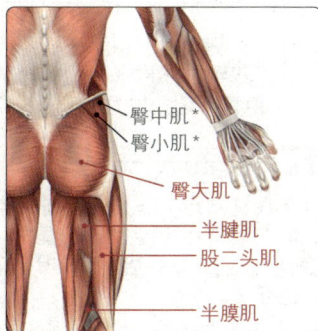

臀中肌*
臀小肌*

臀大肌

半腱肌

股二头肌

半膜肌

绳索站姿单腿伸髋

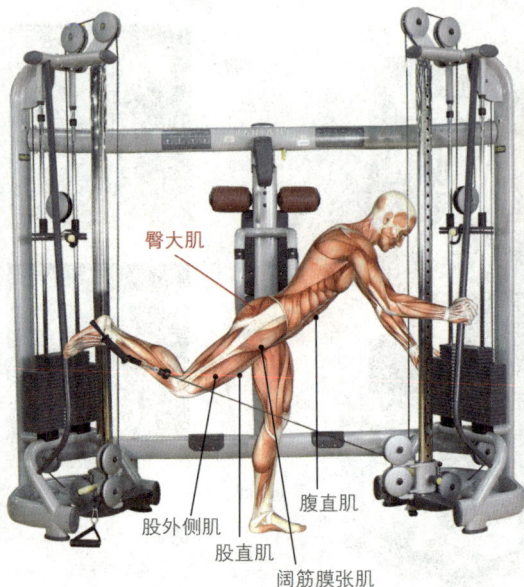

臀大肌

股外侧肌
股直肌
阔筋膜张肌
腹直肌

呼吸

腿后伸时呼气，恢复时吸气。

- 背部保持挺直。
- 支撑腿保持稳定。

- 背部拱起。
- 支撑腿移动位置。

若出现髋关节疼痛，则不建议进行此项训练。

起始

站立，一侧腿微屈，躯干挺直且略向前俯，双手扶器械。另一侧腿屈膝屈髋约90度，阻力绳固定于脚跟处。

过程

身体保持稳定，非支撑腿向后伸展至大腿与躯干尽可能呈一条直线。稍作停顿，恢复起始姿势。完成规定次数，对侧亦然。

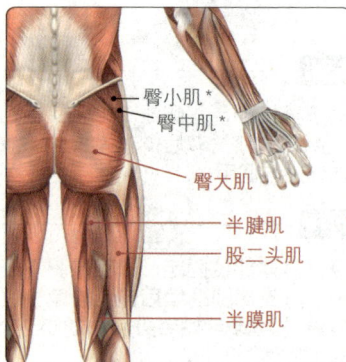

臀小肌*
臀中肌*
臀大肌
半腱肌
股二头肌
半膜肌

绳索站姿髋外展单腿

呼吸

髋关节外展时呼气，恢复时吸气。

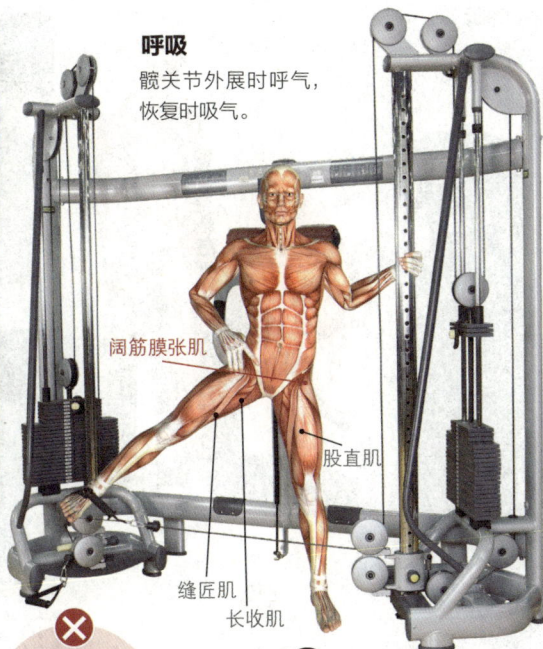

阔筋膜张肌

股直肌

缝匠肌

长收肌

- ✓ 上身保持挺直。
- 核心收紧。
- 控制骨盆位置。

- ✗ 骨盆过度侧向倾斜。
- 支撑腿移动。

(!) 若出现髋关节疼痛，则不建议进行此项训练。

臀中肌*

臀大肌

梨状肌*

髂胫束*

大收肌*

半腱肌

股二头肌

腓肠肌

半膜肌

起始

侧对器械站立，躯干直立，外侧脚固定阻力绳。

过程

外侧手扶腰，内侧手扶住器械，内侧腿支撑，保持身体稳定。外侧腿对抗阻力外展至最大限度。恢复起始姿势，完成规定次数。对侧亦然。

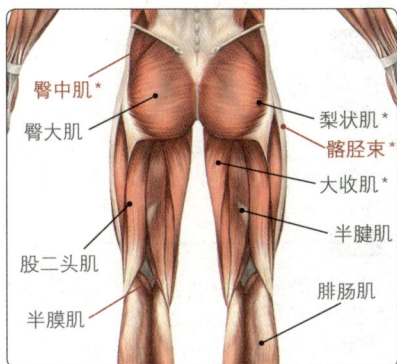

呼吸

髋关节外展时呼气，
恢复时吸气。

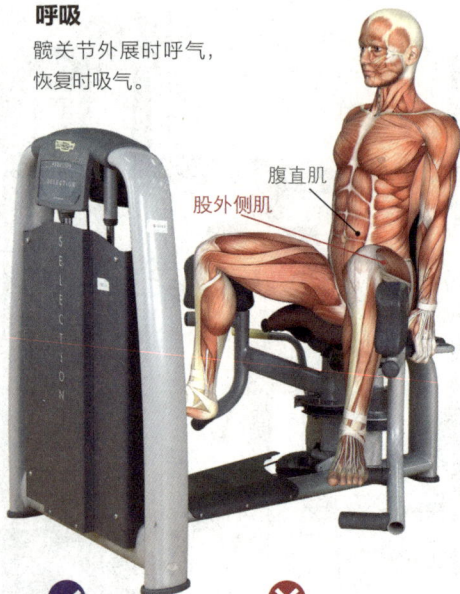

腹直肌

股外侧肌

✔
• 后背和臀部
紧贴座椅。

✖
• 上身前倾，
背部拱起。
• 膝关节压力过大。

(!) 若出现髋关节疼痛，则不
建议进行此项训练。

臀中肌*

股二头肌

半腱肌

起始

坐于器械上，调整座椅位。脚放于
高度合适的踏板上，膝关节屈曲约
90 度，且膝外侧紧贴支撑垫。躯干
紧靠椅背，双手握住两侧把手。

过程

髋关节外展，膝外侧对抗支撑垫。
双腿外展至最大限度，稍作停顿，
恢复起始姿势。完成规定次数。

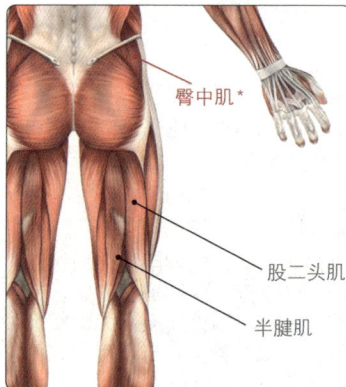

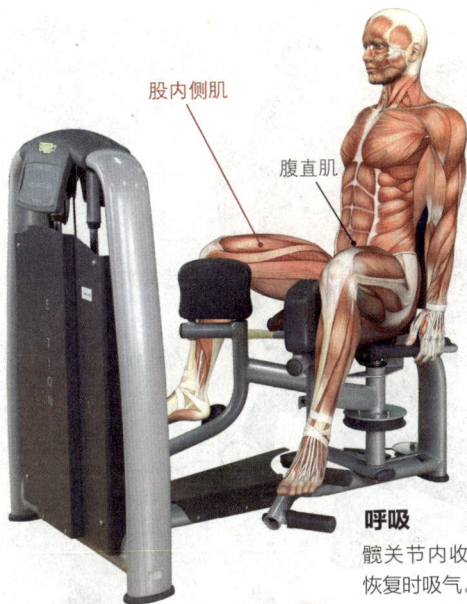

股内侧肌

腹直肌

器械坐姿髋内收

呼吸
髋关节内收时呼气，
恢复时吸气。

✓ • 后背和臀部
紧贴座椅。

✗ • 上身弯曲、前倾。
• 速度过快。

(!) 若出现髋关节疼痛，则不
建议进行此项训练。

耻骨肌
短收肌*
长收肌

股薄肌

起始
坐于器械上，调整座位。膝关节屈
曲约 90 度，且膝内侧顶住支撑垫。
躯干紧靠椅背，双手握住两侧把手。

过程
双腿向内侧靠近至最大限度。恢复
起始姿势，完成规定次数。

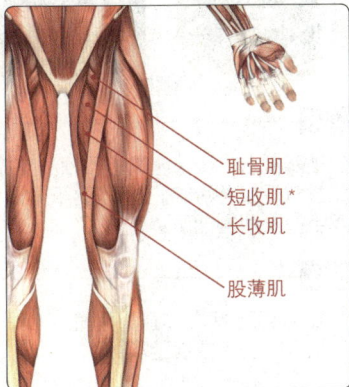

111

器械坐姿伸膝

呼吸

膝关节伸展时呼气，
恢复时吸气。

股中间肌 *
股内侧肌

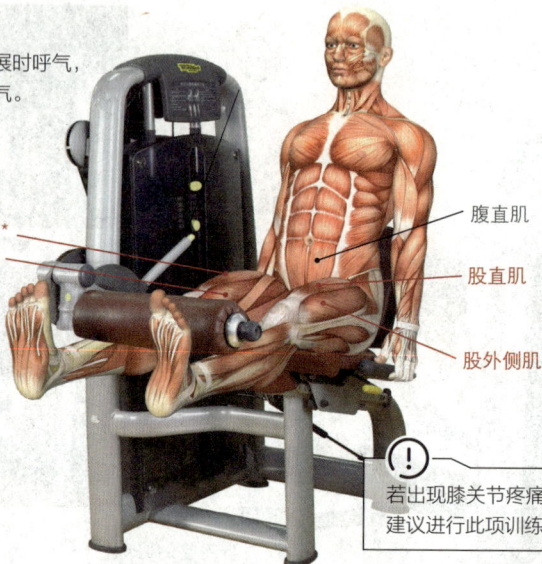

腹直肌

股直肌

股外侧肌

(!) 若出现膝关节疼痛，则不
建议进行此项训练。

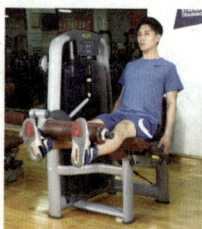

✓ •后背和臀部
紧贴座椅。

✗ •背部拱起、前倾。
•膝关节压力过大。

起始

坐于器械上，调整座椅位和踝部支撑垫，
膝关节后部紧贴椅子边缘。躯干紧靠椅背，
双手握紧两侧把手。

过程

双腿抬起至基本伸直，稍作停顿，恢复
起始姿势。完成规定次数。

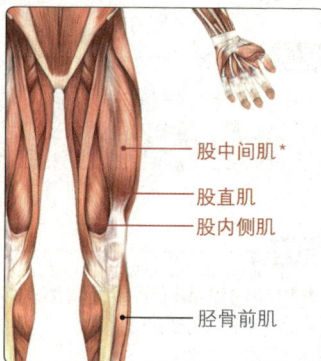

股中间肌 *

股直肌
股内侧肌

胫骨前肌

呼吸

膝关节屈曲时呼气，恢复时吸气。

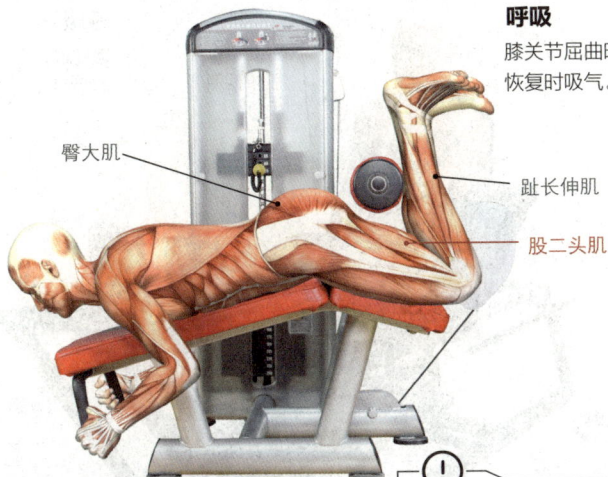

臀大肌

趾长伸肌

股二头肌

器械俯卧腿弯举

若膝关节存在不适，则不建议进行此项训练。

✓
• 上身固定。
• 背部挺直。

✗
• 上身向上抬起。
• 髋部向上抬起。

起始

俯卧于器械上，双腿伸直，脚踝紧贴滚轴且位于滚轴下方，双手握紧把手。

过程

上身及大腿保持不动，双腿屈膝，向躯干方向勾腿至极限，感受腿部前侧肌肉拉伸。稍作停顿。恢复起始姿势，完成规定的次数。

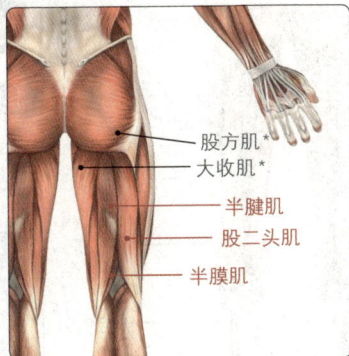

股方肌*
大收肌*
半腱肌
股二头肌
半膜肌

器械坐姿蹬腿

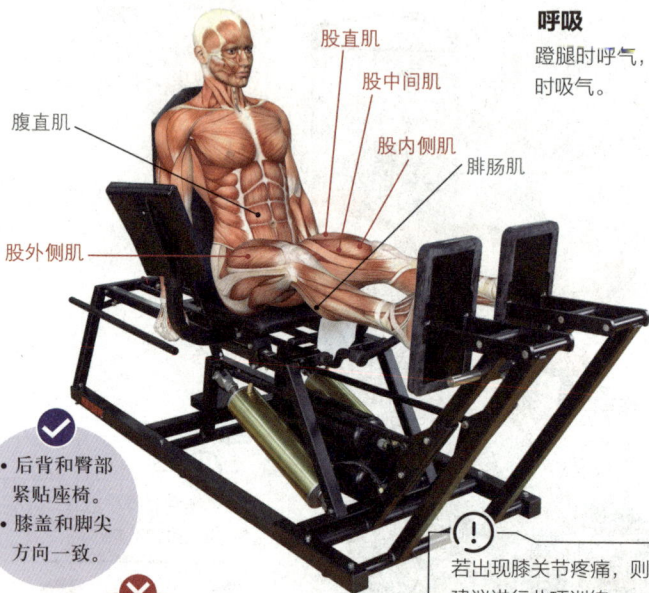

股直肌

股中间肌

股内侧肌

腓肠肌

腹直肌

股外侧肌

呼吸

蹬腿时呼气，恢复时吸气。

✓
- 后背和臀部紧贴座椅。
- 膝盖和脚尖方向一致。

✗
- 膝关节外展。
- 背部拱起、前倾。

! 若出现膝关节疼痛，则不建议进行此项训练。

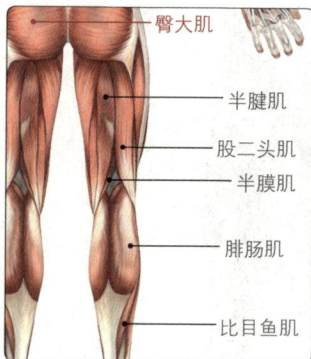

臀大肌

半腱肌

股二头肌

半膜肌

腓肠肌

比目鱼肌

起始

坐于器械上，调整座椅位。双腿屈膝约90度，双脚踩在蹬踏板上。后背紧贴靠垫，双手握住两侧可调节阻力手柄。

过程

身体挺直，保持核心收紧，双腿同时发力快速向前蹬至双腿伸直，稍作停顿，恢复起始姿势。完成规定次数。

呼吸

蹬腿时呼气，恢复时吸气。

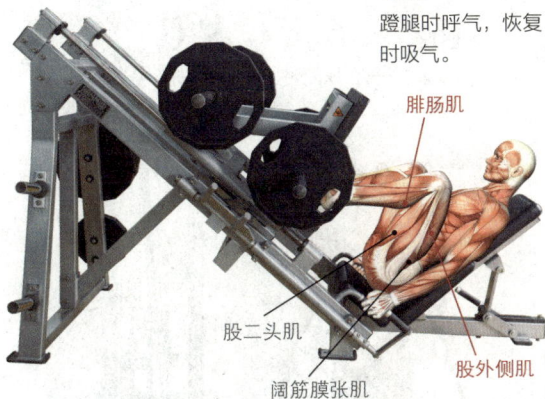

腓肠肌

股二头肌

阔筋膜张肌

股外侧肌

✅
- 膝关节和脚尖方向一致。

❌
- 膝关节外展。
- 膝关节压力过大。

❗ 若出现膝关节疼痛，则不建议进行此项训练。

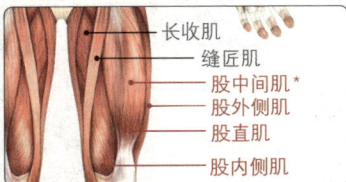

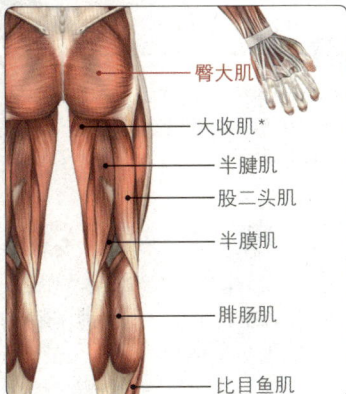

长收肌
缝匠肌
股中间肌*
股外侧肌
股直肌
股内侧肌

臀大肌
大收肌*
半腱肌
股二头肌
半膜肌
腓肠肌
比目鱼肌

器械倒蹬

起始

坐于器械上，双腿伸展，后背紧贴靠垫，双手抓握两侧制动杆。

过程

打开制动杆，屈髋屈膝至最大限度后双腿向上蹬，恢复起始姿势，完成规定次数。

115

绳索站姿提踵

呼吸

提踵时呼气，恢复时吸气。

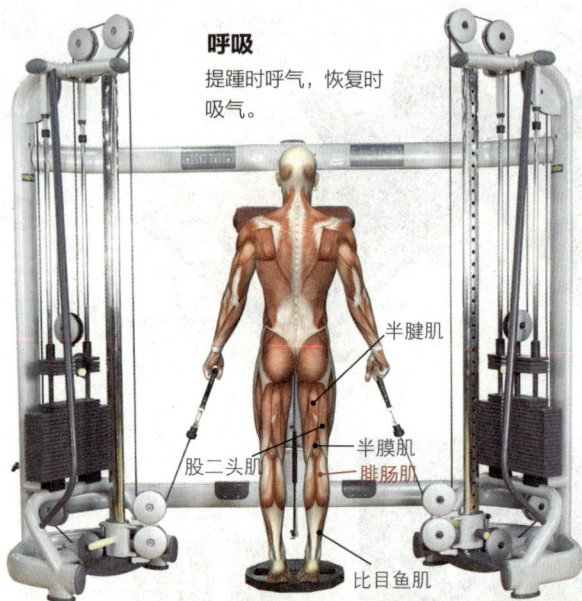

半腱肌

半膜肌

腓肠肌

股二头肌

比目鱼肌

起始

站立，双脚靠近，双手各持相同阻力把手于身体两侧。

过程

控制身体稳定，双脚向上提踵至最大限度，然后恢复起始姿势。完成规定次数。

- 双腿保持伸直。
- 背部保持挺直。
- 身体保持稳定。

- 膝关节弯曲。
- 背部拱起。
- 重心不稳。

若出现踝关节疼痛，则不建议进行此项训练。

泡沫轴
训练

呼吸

在整个过程中保持自然、均匀的深呼吸，呼气时感受肌肉的放松。

泡
沫
轴
ー
俯
卧
大
腿
前
侧
肌
肉
放
松

! 动作缓慢，避免快速滚动。

✓ • 双腿伸直，泡沫轴置于大腿下方。

✗ • 身体其他部位过于紧张，如肩膀或下肢用力。

三角肌

肱二头肌

背阔肌

股外侧肌

起始

俯卧，泡沫轴位于大腿前侧下方，膝盖自然弯曲，双脚平放，双手屈曲置于头前侧。

过程

缓慢滚动泡沫轴，从大腿上部滚至膝盖上方，再滚回起始位置。在肌肉紧张点停留几秒，深呼吸，帮助肌肉放松。继续滚动泡沫轴，寻找并放松其他紧张点。完成规定的时间。

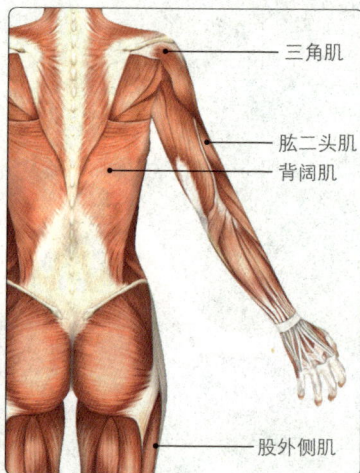

呼吸

在整个过程中保持自然、均匀的深呼吸，呼气时感受肌肉的放松。

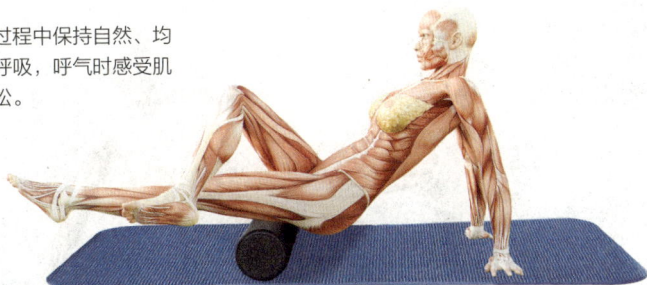

⚠ 动作缓慢，避免快速滚动。

✅ • 一侧膝盖自然弯曲，双手放在身体两侧。

❌ • 身体其他部位过于紧张，如肩膀或下肢用力。

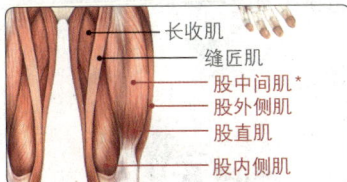

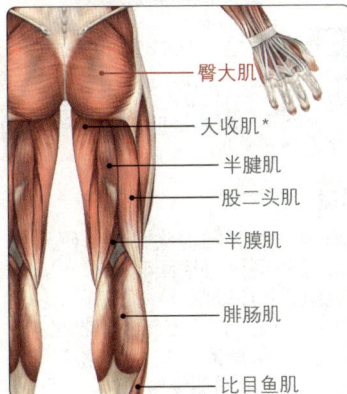

- 长收肌
- 缝匠肌
- 股中间肌*
- 股外侧肌
- 股直肌
- 股内侧肌

- 臀大肌
- 大收肌*
- 半腱肌
- 股二头肌
- 半膜肌
- 腓肠肌
- 比目鱼肌

起始

仰卧，泡沫轴位于大腿后侧下方，右侧膝盖自然弯曲跨过左侧膝盖，双手置于身体两侧支撑。

过程

缓慢滚动泡沫轴，从大腿上部滚至膝盖下方，再滚回起始位置。在肌肉紧张点停留几秒，深呼吸，帮助肌肉放松。继续滚动泡沫轴，寻找并放松其他紧张点。完成规定的时间，换对侧重复动作。

泡沫轴－仰卧大腿后侧肌肉放松

泡沫轴－侧卧大腿外侧肌肉放松

呼吸

在整个过程中保持自然、均匀的深呼吸，呼气时感受肌肉的放松。

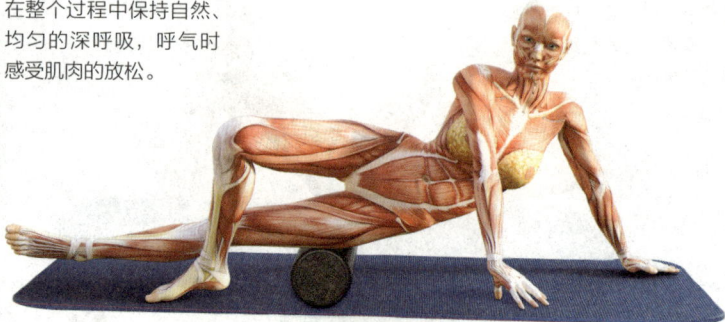

⚠ 动作缓慢，避免快速滚动。

✅ • 侧卧，上方腿自然弯曲，下方腿伸直。

❌ • 身体其他部位过于紧张，如肩膀或上身用力。

起始

侧卧，泡沫轴位于大腿外侧下方，上方腿自然弯曲，下方腿伸直，双手支撑于体侧。

过程

缓慢滚动泡沫轴，从髋部外侧滚至膝盖外侧，再滚回起始位置。在肌肉紧张点停留几秒，深呼吸，帮助肌肉放松。继续滚动泡沫轴，寻找并放松其他紧张点。完成规定的时间，换对侧重复动作。

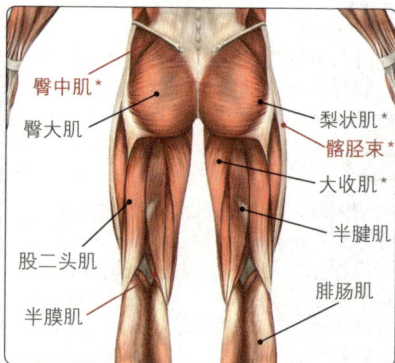

臀中肌*
臀大肌
梨状肌*
髂胫束*
大收肌*
半腱肌
股二头肌
腓肠肌
半膜肌

呼吸

在整个过程中保持自然、均匀的深呼吸，呼气时感受肌肉的放松。

泡沫轴－仰卧臀部肌肉放松

动作缓慢，避免快速滚动。

✓
• 膝盖弯曲，双脚平放。

✗
• 身体其他部位过于紧张。

起始

仰卧，泡沫轴位于臀部下方，膝盖弯曲，双脚平放，双手置于身体两侧。

过程

缓慢滚动泡沫轴，从上至下按压臀部肌肉。在肌肉紧张点停留几秒，深呼吸，放松肌肉。继续滚动泡沫轴，寻找并放松其他紧张点。完成规定的时间，换对侧重复动作。

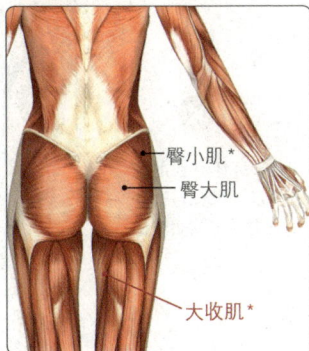

臀小肌 *
臀大肌
大收肌 *

呼吸

在整个过程中保持自然、均匀的深呼吸，呼气时感受肌肉的放松。

动作缓慢，避免快速滚动。

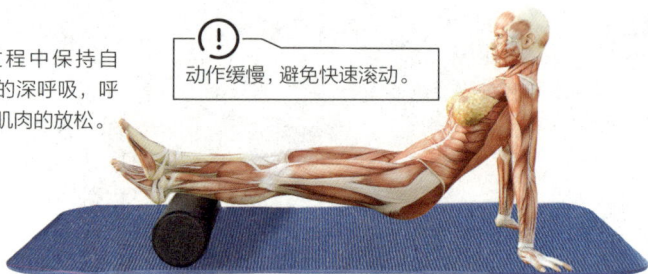

泡沫轴–仰卧小腿后侧肌肉放松

起始

仰卧，泡沫轴位于小腿后侧下方，双腿伸直，双手置于身体两侧支撑。

过程

缓慢滚动泡沫轴，从小腿上部滚至脚跟，再滚回起始位置。在肌肉紧张点停留几秒，深呼吸，帮助肌肉放松。继续滚动泡沫轴，寻找并放松其他紧张点。完成规定的时间，换对侧重复动作。

- 双腿伸直，双脚平放。

- 身体其他部位过于紧张，如下巴或下肢用力。

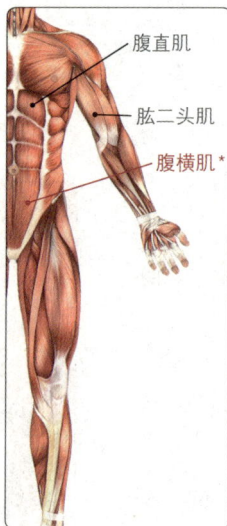

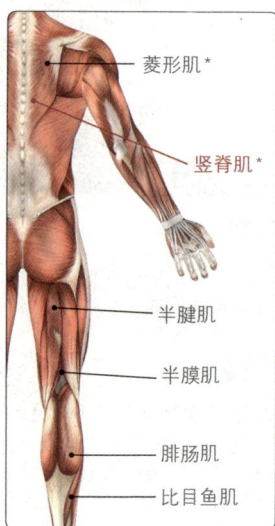

腹直肌
肱二头肌
腹横肌*

菱形肌*
竖脊肌*

半腱肌
半膜肌
腓肠肌
比目鱼肌

呼吸

在整个过程中保持自然、均匀的深呼吸，呼气时感受肌肉的放松。

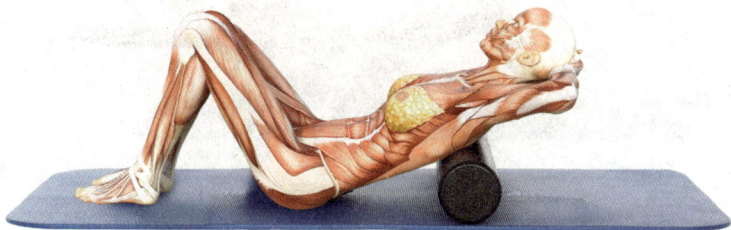

泡沫轴—仰卧上背部放松

⚠ 若背部存在不适，则不建议进行此项训练。

✅ • 可在疼痛明显的部位停留或多滚动。

❌ • 滚压速度过快。
• 滚压力度过大。

起始

身体呈仰卧位，屈髋屈膝，泡沫轴置于上背部的下方，双手置于头后。

过程

身体移动，使泡沫轴在肩部与中背部之间来回滚动。在肌肉酸痛点上停留一定时间，深呼吸，帮助肌肉放松。继续滚动泡沫轴，寻找并放松其他紧张点。完成规定的时间。

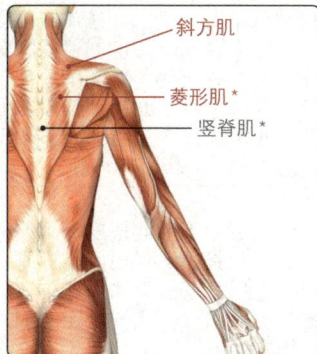

斜方肌

菱形肌 *

竖脊肌 *

呼吸

在整个过程中保持自然、均匀的深呼吸，呼气时感受肌肉的放松。

泡沫轴－侧卧背阔肌放松

若肩部和腰部存在不适，则不建议进行此项训练。

✓
· 可在疼痛明显的部位停留或多滚动。

✗
· 滚压速度过快。
· 滚压力度过大。

起始

将泡沫轴置于垫上，身体成侧卧姿势，侧卧面手臂向上方伸展，使腋窝压于泡沫轴上，另一侧手臂向前屈曲，用手掌支撑身体，侧卧面腿部伸展，另一侧腿部屈曲，置于前侧，用脚支撑身体。

过程

身体前后上下滚动按压背阔肌。在肌肉酸痛点上停留一定时间，深呼吸，帮助肌肉放松。继续滚动泡沫轴，寻找并放松其他紧张点。完成规定的时间，换对侧重复动作。

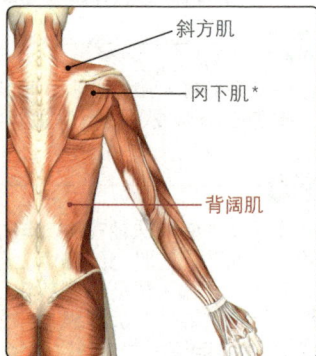

斜方肌
冈下肌*
背阔肌

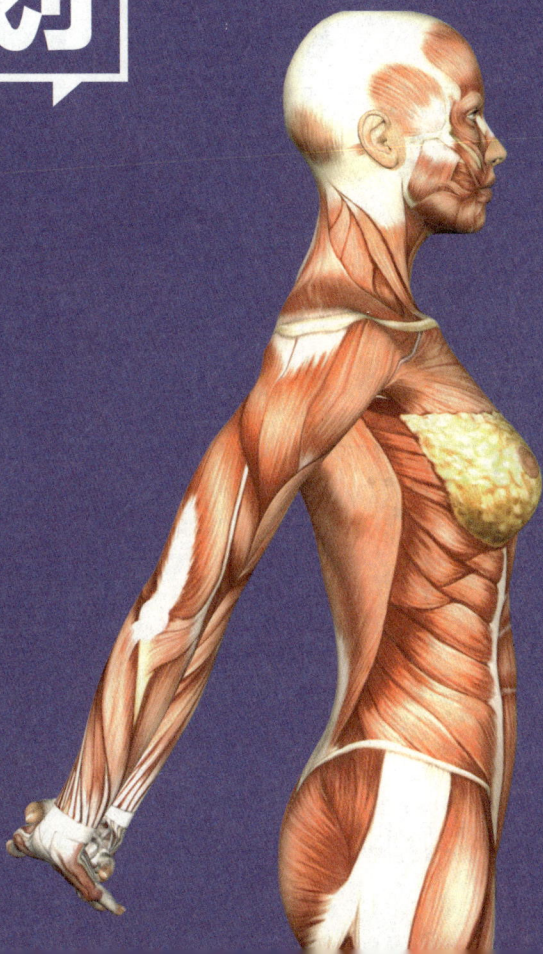

哑铃全身循环训练计划

1

哑铃 - 抗阻臀桥
12 次 / 组，3 组，
间歇 30 秒

第15页

2

哑铃 - 深蹲
12 次 / 组，3 组，
间歇 30 秒

第19页

3

哑铃 - 上斜卧推
12 次 / 组，3 组，
间歇 30 秒

第8页

4

哑铃 - 站姿肩上推举
12 次 / 组，3 组，
间歇 30 秒

第6页

5

哑铃 - 俄罗斯转体
12 次 / 组，3 组，
间歇 30 秒

第10页

6

哑铃 - 俯身划船
12 次 / 组，3 组，
间歇 30 秒

第13页

7

哑铃 - 招财猫
10 次 / 组，3 组，
间歇 30 秒

第7页

热身提示：全身激活，重点活动肩关节、髋关节和膝关节。
放松提示：可选择本书中的泡沫轴动作进行全身放松。
注：按图片顺序依次完成动作，此为一个循环，共完成 3 个循环。

杠铃全身训练计划

1

杠铃 - 挺举
6 次 / 组，3 组，
间歇 60~90 秒
第 30 页

2

杠铃 - 深蹲
12 次 / 组，3 组，
间歇 60~90 秒
第 28 页

3

杠铃 - 硬拉
12 次 / 组，3 组，
间歇 60~90 秒
第 26 页

4

杠铃 - 卧推
12 次 / 组，3 组，
间歇 60~90 秒
第 21 页

5

杠铃 - 俯身划船
12 次 / 组，3 组，
间歇 60~90 秒
第 25 页

热身提示：全身激活，重点活动肩关节、髋关节和膝关节。
放松提示：可选择本书中的泡沫轴动作进行全身放松。
注：每个动作完成 3 组后，再进行下一个动作。

壶铃全身循环训练计划

1

壶铃 - 翻转上推
6 次 / 组，3 组，
间歇 30 秒

第 40 页

2

壶铃 - 甩摆
10 次 / 组，3 组，
间歇 30 秒

第 37 页

3

**壶铃 - 俯撑登山步 -
交替**
20 次 / 组，3 组，
间歇 30 秒

第 35 页

4

壶铃 - 俯撑后拉 - 交替
12 次 / 组，3 组，
间歇 30 秒

第 36 页

5

壶铃 - 站姿肩上上推
10 次 / 组，3 组，
间歇 30 秒

第 41 页

6

壶铃 - 站姿颈后臂屈伸
10 次 / 组，3 组，
间歇 30 秒

第 32 页

热身提示：全身激活，重点活动肩关节、髋关节和膝关节。
放松提示：可选择本书中的泡沫轴动作进行全身放松。
注：按图片顺序依次完成动作，此为一个循环，共完成 3 个循环。

弹力带全身循环训练计划

1

弹力带 - 深蹲
12 次 / 组，3 组，
间歇 30 秒
第67页

2

弹力带 - 罗马尼亚硬拉
12 次 / 组，3 组，
间歇 30 秒
第66页

3

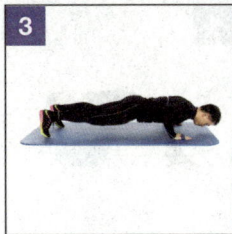

弹力带 - 俯卧撑
12 次 / 组，3 组，
间歇 30 秒
第48页

4

弹力带 - 直立转体
每侧各 12 次 / 组，3 组，
间歇 30 秒
第57页

5

**弹力带 - 站姿髋内收 -
单腿**
每侧各 12 次 / 组，3 组，
间歇 30 秒
第63页

6

**弹力带 - 站姿髋外展 -
单腿**
每侧各 12 次 / 组，3 组，
间歇 30 秒
第64页

7

弹力带 - 站姿高拉
15 次 / 组，3 组，
间歇 30 秒
第51页

8

弹力带 - 站姿提踵
15 次 / 组，3 组，
间歇 30 秒
第69页

热身提示：全身激活，重
点活动肩关节、髋关节和
膝关节。
放松提示：可选择本书中
的泡沫轴动作进行全身
放松。
注：按图片顺序依次完成
动作，此为一个循环，共
完成 3 个循环。

瑞士球核心循环训练计划

1

瑞士球 - 仰卧臀桥
12 次 / 组, 3 组,
间歇 30 秒

第80页

2

**瑞士球 - 平板支撑 -
交替抬腿**
30 秒 / 组, 3 组,
间歇 30 秒

第78页

3

瑞士球 - 两头起
12 次 / 组, 3 组,
间歇 30 秒

第73页

4

瑞士球 - 俯卧撑屈膝
8 次 / 组, 3 组,
间歇 30 秒

第75页

5

**瑞士球 - 俯卧转肩 -
交替**
12 次 / 组, 3 组,
间歇 30 秒

第77页

6

瑞士球 - 跪姿前推
12 次 / 组, 3 组,
间歇 30 秒

第74页

热身提示: 全身激活, 重点活动肩关节、髋关节和膝关节。
放松提示: 可选择本书中的泡沫轴动作进行全身放松。
注: 按图片顺序依次完成动作, 此为一个循环, 共完成 3 个循环。

居家上肢训练计划

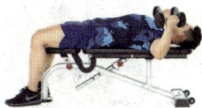

哑铃 - 平凳仰卧飞鸟
12 次 / 组，3 组，
间歇 30~60 秒 第9页

哑铃 - 站姿肩上推举
8~12 次 / 组，3 组，
间歇 30~60 秒 第6页

哑铃 - 站姿弯举
8~12 次 / 组，3 组，
间歇 30~60 秒 第2页

**哑铃 - 俯身臂屈伸 -
单臂**
每侧 8~12次 / 组，3组，
间歇 30~60 秒 第3页

哑铃 - 俯身划船
8~12 次 / 组，3 组，
间歇 30~60 秒 第13页

哑铃 - 站姿侧平举
8~12 次 / 组，3 组，
间歇 30~60 秒 第5页

哑铃 - 招财猫
8~12 次 / 组，3 组，
间歇 30~60 秒 第7页

热身提示：重点活动肩关节、肘关节和腕关节。
放松提示：可选择本书中的泡沫轴动作进行全身放松。
注：每个动作完成 3 组后，再进行下一个动作。

居家下肢训练计划

1
哑铃 - 深蹲
8~12 次 / 组，3 组，
间歇 30~60 秒
第19页

2
哑铃 - 抗阻臀桥
15 次 / 组，3 组，
间歇 30~60 秒
第15页

3
哑铃 - 后腿抬高分
腿蹲
每侧6~8次/组，3组，
间歇 30~60 秒
第18页

4
弹力带 - 半蹲姿侧
向走
每侧各 10 次/组，3 组，
间歇 30~60 秒
第61页

5
弹力带 - 站姿髋内收 -
单腿
8~12 次 / 组，3 组，
间歇 30~60 秒
第63页

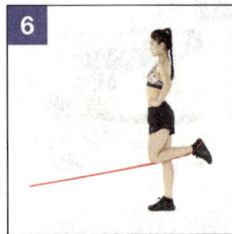

6
弹力带 - 站姿腘绳肌
收缩 - 单腿
每侧各 12 次/组，3 组，
间歇 30~60 秒
第65页

7
弹力带 - 站姿提踵
12 次 / 组，3 组，
间歇 30~60 秒
第69页

热身提示：重点活动髋关节、膝关节和踝关节。
放松提示：可选择本书中的泡沫轴动作进行全身放松。
注：每个动作完成 3 组后，再进行下一个动作。

居家核心训练计划

1

哑铃 - 俄罗斯转体
每侧 10 次，3 组，
间歇 30 秒
第 10 页

2

哑铃 - 抗阻臀桥
15 次 / 组，3 组，
间歇 30 秒
第 15 页

3

弹力带 - 直立转体
每侧 10 次，3 组，
间歇 30 秒
第 57 页

4

弹力带 - 反向平板支
撑交替抬腿
每侧 10 次，3 组，
间歇 30 秒
第 59 页

5

瑞士球 - 卷腹
15 次 / 组，3 组，
间歇 30 秒
第 72 页

6

瑞士球 - 俯卧撑屈膝
15 次 / 组，3 组，
间歇 30 秒
第 75 页

7

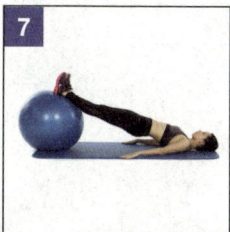

瑞士球 - 仰卧直腿挺髋
15 次 / 组，3 组，
间歇 30 秒
第 81 页

热身提示：重点活动胸椎及髋关节。
放松提示：可选择本书中的泡沫轴动作进行全身放松。
注：每个动作完成 3 组后，再进行下一个动作。

133

健身房上肢循环训练计划

1
引体向上
5~8 次 / 组，3 组，
间歇 30 秒
第 101 页

2
绳索分腿 - 站姿夹胸
8~12 次 / 组，3 组，
间歇 30 秒
第 93 页

3
绳索站姿面拉
8~12 次 / 组，3 组，
间歇 30 秒
第 90 页

4
器械坐姿上斜推胸
8~12 次 / 组，3 组，
间歇 30 秒
第 92 页

5
器械坐姿划船
8~12 次 / 组，3 组，
间歇 30 秒
第 102 页

6
绳索站姿肱二头肌
弯举
12~15 次 / 组，3 组，
间歇 30 秒
第 84 页

7
绳索站姿肱三头肌
下压
12~15 次 / 组，3 组，
间歇 30 秒
第 86 页

热身提示：重点活动肩关节、肘关节和腕关节。
放松提示：可选择本书中的泡沫轴动作进行全身放松。
注：按图片顺序依次完成动作，此为一个循环，共完
成 3 个循环。

健身房下肢循环训练计划

1

器械倒蹬 第115页
6~8次/组，3组，
间歇30秒

2

器械坐姿髋外展 第110页
8~12次/组，3组，
间歇30秒

3

器械坐姿髋内收 第111页
8~12次/组，3组，
间歇30秒

4

器械站姿单腿伸髋 第107页
每侧8~12次/组，3组，
间歇30秒

5

器械坐姿伸膝 第112页
8~12次/组，3组，
间歇30秒

6

器械俯卧腿弯举 第113页
8~12次/组，3组，
间歇30秒

7

绳索站姿提踵 第116页
12~15次/组，3组，
间歇30秒

热身提示：重点活动髋关节、膝关节和踝关节。
放松提示：可选择本书中的泡沫轴动作进行全身放松。
注：按图片顺序依次完成动作，此为一个循环，共完成3个循环。

12分钟省时训练计划

1

哑铃 - 弓步蹲交替
20 秒 / 组，4 组，
间歇 10 秒
第 16 页

2

壶铃 - 甩摆
20 秒 / 组，4 组，
间歇 10 秒
第 37 页

3

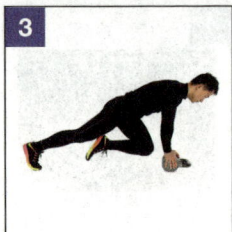

壶铃 - 俯撑登山步 -
交替
20 秒 / 组，4 组，
间歇 10 秒
第 35 页

4

哑铃 - 抗阻臀桥
20 秒 / 组，4 组，
间歇 10 秒
第 15 页

5

壶铃 - 俯撑后拉 -
交替
20 秒 / 组，4 组，
间歇 10 秒
第 36 页

6

弹力带 - 站姿提踵
20 秒 / 组，4 组，
间歇 10 秒
第 69 页

热身提示：重点活动髋关节、膝关节和踝关节。
放松提示：可选择本书中的泡沫轴动作进行全身放松。
注：按图片顺序依次完成动作，此为一个循环，共完成 4 个循环。

作者简介

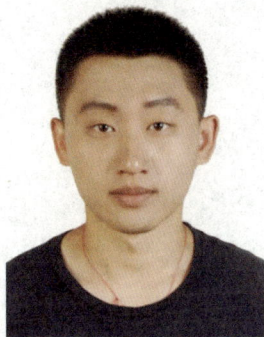

崔雪原

- 北京体育大学体育教育训练学（体能训练方向）硕士。
- 国家体育总局训练局体能中心体能训练师。
- 曾担任中国国家游泳队体能教练，重点保障世界冠军汪顺、唐钱婷、董志豪等；中国国家帆船帆板队体能教练，重点保障世界冠军陈佩娜。
- 曾为国家体育总局备战2012伦敦奥运会、2016里约奥运会身体功能训练团队成员。
- 译有《NASM-PES美国国家运动医学学会运动表现训练指南（第2版）》《弹力带训练指南（第3版）》等；著有《弹力带训练全书》等；参与编写《身体功能训练动作手册》《儿童身体训练动作手册》《青少年身体训练动作手册》等；参与多个省部级课题。